현대신서
140

카오스모제

펠릭스 가타리

윤수종 옮김

東 文 選

카오스모제

Félix Guattari

Chaosmose

This edition was published by arrangement
with Éditions Galilée, Paris
through Korea Copyright Center, Seoul

차 례

다리의 널빤지 위에서, 배의 갑판 위에서, 바다 위에서, 하늘 아래 태양의 여정과 함께 그리고 배의 여정과 함께, 바다의 파도 그림자에 따라 흘러가는 순간적인 기하학의 모서리, 삼각형 속에 잡힌 깨진 불빛의 읽을 수 없고 애절한 글자는 그려지다 그려지다 느린 속도로 부서진다. 계속해서, 다시, 끊임없이, 여전히 실존한다.

마르그리트 뒤라스[1]

1) 《북중국의 정부 *L'Amant de la Chine du Nord*》, Gallimard, 1991, pp.218, 219.〔원주〕 Marguerite Duras(1914-1996): 프랑스의 소설가이자 극작가이며 영화감독. 우리나라에 《정부》라는 영화(나이 많은 화교 남자가 어린 여성과 사랑하는 이야기)로 소개됨.〔역주〕

1

주체성 생산에 관하여

나는 정치적·문화적 개입으로서 정신 치료 분야에서의 직업 활동을 통해서 개인적·집단적·제도적 층위들에 의해서 생산되는 주체성에 대해 점차 강조하게 되었다.

주체성을 그것의 생산이라는 각도에서 고찰하는 것은 물질적 하부 구조─이데올로기적 상부 구조라는 전통적인 이항적 결정 체계로 돌아가는 것을 의미하지 않는다. 주체성을 만들어 내는 다양한 기호적 작용 영역은 완전히 고정되고 의무적인 위계 관계를 가지고 있지 않다. 예를 들어 주식 시세가 여론의 변화에 민감하다는 사실에서도 확인할 수 있듯이, 경제적 기호화가 집단적인 심리적 요인에 의존하게 되는 일도 일어날 수 있다. 주체성은 사실 미하일 바흐친(Mikhaïl Bakhtine)의 표현을 빌리자면 다원적이며 다성적이다. 따라서 주체성은 단일한 인과율에 따라서 다른 모든 층위들을 인도하는 지배적인 결정적 층위를 인정하지 않는다.

적어도 다음 세 가지 유형의 문제를 탐구함으로써 우리는 개인적인 주체와 사회 사이의 고전적인 대립을 넘어서 주체성의 정의를 확대하고, 그렇게 함으로써 현재 유포되어 있는 **무의식** 모델을 수정할 수 있다. 주체적 요인들이 활동 무대 전면에 돌연 나타났다는 것, 주체성의 기계적 생산이 대량적으로 발전한다는 것, 마지막으로 인간 주체성에 관한 행동학적이고 생태학적인 양상들이 최근 부각된다는 것.

주체적 요인들은 **역사** 흐름 속에서 항상 중요한 위치를 차지해 왔다. 그러나 주체적 요인들은 대중 매체의 세계적인 확산과 더불어 어떤 지배적인 역할을 하려고 하는 것 같다. 여기서는 간단히 몇 가지 예만을 제시하겠다. 중국 학생들이 천안문 광장에서 일으켰던 거대한 운동은 분명히 정치적 민주화라는 슬로건을 목표로 가지고 있다. 그러나 그 운동이 지닌 전염적인 정서적 전하(電荷)는 단순한 이데올로기적 요구를 넘어선다는 것이 또한 확실하다. 전체적인 생활 스타일, (서구에서 들어온 이미지에 입각한) 사회적 관계에 대한 관념, 집단적 윤리가 작동하였다. 그리고 결국 탱크로는 그것을 중지시킬 수 없을 것이다! 헝가리나 폴란드에서와 같이 최후로 승리하는 것은 집단적인 실존적 변화(돌연변이)이다! 그러나 거대한 주체화 운동이 반드시 해방의 방향으로 발전하지는 않는다. 10년 이상 전부터 이란 인민들 사이에서 전개되고 있는 대량적인 주체 혁명은 종교적 의고주의와 전지구적으로 보수적인 사회적 태도들——특히 여성의 지위(이것은 마그레브[1]에서의 사건들과 이민 사회에서 여성에 대한 이러한 억압적 태도들의 반향 때문에 프랑스에서는 민감한 문제이다)와 관련하여——에 초점을 맞추고 있다.

동구에서 철의 장막의 붕괴는 무장 봉기의 결과로서 생긴 것이 아니라, 스탈린 이후 전체주의 체계의 정신적 하위 지층을 절

---

1) '마그레브(Maghreb)'란 고대 아랍어로 '해가 지는 곳' '서쪽'이라는 뜻이며, 북서아프리카의 모로코·알제리·튀니지·리비아 일대를 말한다. 리비아에서는 1988년 팬암기 폭발 사건이 있었다. [역주]

멸시키는 거대한 집단적 욕망의 결정화(結晶化)를 통해서 일어났다. 이것은 극도로 복잡한 현상이다. 왜냐하면 해방적인 열망과 민족주의적·인종적·종교적 차원의 퇴행적이고 보수적인——심지어 파시스트적인——충동들이 섞여 있기 때문이다. 이러한 소요[혼란] 속에서 중부 유럽과 동구 나라의 주민들이 자본주의 서구가 지금까지 그들에게 마련해 준 쓰라린 사기를 어떻게 극복할까? 역사는 우리에게 이런 역사에 대해 말할 것이다. 즉 아마도 불쾌한 놀람들로 가득 찬 역사, 그러나 어째서 안 되겠는가, 사회 투쟁의 후속적인 재개를 가져올 역사! 대조적으로 걸프 전쟁은 얼마나 잔학한가! 사람들은 그것에 대해 거의 인종 학살(génocide)이라고 말할 수 있다. 왜냐하면 이 전쟁은 1945년에 히로시마와 나가사키에 투하된 폭탄으로 인한 희생자들보다 훨씬 더 많은 이라크인들(당황한 모든 주민들)을 학살했기 때문이다. 시간이 지나면 이 전쟁의 목적은 아랍 주민들을 제압하여 세계 여론에 복종시키려는 시도였다는 것이 분명해질 것 같다. 즉 매체와 무기의 결합된 힘으로 양키식 주체화 방식을 부과할 수 있다는 것을 증명해야만 했다.

일반적으로 현대사는 주체적 특이성[2]의 요구들——언어 전쟁, 자율주의적 요구, 한편으로는 전적으로 모호하게 민족 해방에 대한 열망을 표현하지만 다른 한편으로는 또한 주체성의 보수적 재영토화라고 내가 부른 것 속에서 드러나는 민족주의적이고 민족적인 문제들——의 증가에 의해 점차 지배된다고 말할 수 있다. 서구 및 동구의 자본주의적 식민지주의가 구현해 온 주체성에 대한 어떤 보편주의적인 표상은 무너져 버렸다. 비록 아직 그 실패의 결과 정도를 충분히 헤아릴 수 없지만 말이다. 오늘날 모든 사람이 알 듯이, 아랍과 이슬람 국가들에서 개혁 반대주의[민족주의와 근본주의]의 성장은 국제 관계에서뿐만 아니라 수십억 개인들의 주체적 구조에도 엄청난 결과를 가져올 수 있다. 그것은 제3세계, 남반구 나라들의 요구 증가——그래서 화내는 의문 부호로 찍혀 있는——란 문제일 뿐만 아니라 완전히 혼란스러운 문제이다.

사태가 보여 주듯이 사회학·경제학·정치학 그리고 법학은, 현재의 주체적 혼합을 특징짓는 테크놀로지적이고 과학적인 근대성에 대한 열망과 문화적 전통들에의 이러한 의고적인 부착물의 그러한 혼합물에 대해 설명할 준비가 제대로 되어 있지 않은 것 같다. 전통적 정신분석은 그것대로 사회적 사실들을 심리학적 기제들로 환원하는 자신의 방식으로 인해 이러한 문제들에 대처하는 데 그다지 더 좋은 위치에 있지 않다. 이러한 상황에서 주체성에 대한 더욱 횡단적인 관념을, 즉 특유한 영토화된 주체성 고리들(실존적 **영토**들)과 사회적·문화적 함의를 지닌 가치 체계들(무형적 **세계**들)로의 주체성의 개방 둘 다에 대해 답할 수

---

2) singularité. 가타리는 특수성(particularité)이라는 개념 대신에 특이성이라는 개념을 사용한다. 특수성은 언제나 보편성과 개별성의 이항대립 속에 머물며, 보편성과 개별성의 연결고리로서만 인식되기 때문이다. 반면 특이성은 개체에 고유한 특성을 지니며 개별성으로도 동일자나 본질의 관념으로 귀속되는 보편성으로도 환원될 수 없다. 특이성은 오히려 일반적 법칙 혹은 보편적인 구조의 관념을 허물어뜨리고, 특정한 시기와 특정한 장소에서 특정한 사회적 실천을 둘러싸고 구성되는 계열에 고유한 가치만을 인정한다. 그러한 실천의 장 및 관계에 고유한 유일무이한 것을 특이성이라고 한다. 그래서 한 개인의 특이화(singularisation)나 재특이화는 바로 스스로 다른 것이 되어가면서도 서로 소통해 나가는 과정을 일컫는다. [역주]

있게 해주는 관념을 만들어 내는 것이 필요할 것 같다.

　대중 매체, 정보 과학, 정보 통신, 로봇 공학의 기호적 생산을 심리학적 주체성에서 분리시켜야 할까? 나는 그렇게 생각하지 않는다. **집단적 장비**〔설비〕(Équipement collectif)라는 일반적 이름 아래 묶을 수 있는 사회 기계들처럼, 테크놀로지적인 정보 기계와 소통 기계는 인간 주체성의 핵심에서 작동한다. 자신의 기억과 지성 속에서뿐만 아니라 감성, 정서, 무의식적인 환상 속에서도 작동한다. 이러한 주체화의 기계적 차원들을 고려하면 우리는 주체성을 재정의하려는 시도에서 주체성 생산을 관장하는 구성 요소들의 이질성을 강조하게 된다. 그 이질성 속에는 다음과 같은 것들이 있다. 1) 가족·교육·환경·종교·예술·스포츠……에 걸쳐 나타나는 기표적인 기호학적 구성 요소들, 2) 매체 산업·영화 등에 의해 만들어진 요소들, 3) 정보적 기호 기계들을 움직이게 하고, 그것들이 의미 작용(signification)들과 함축적 의미(dénotation)들을 생산하고 운반하며 그래서 적합한 언어적인 공리계들에서 벗어난다는 사실과 병행하여 혹은 그것과 독립적으로 작동하는 비기표적 기호학적 차원들. 비록 줄리아 크리스테바(Julia Kristeva)나 자크 데리다(Jaques Derrida) 같은 저자들이 이러한 종류의 구성 요소가 지닌 상대적 자율성에 대해 조금이나마 밝히고 있지만, 구조주의적 흐름들은 이러한 비기표적 기호 체제에 자율성도 특정성도 전혀 부여하지 않았다. 그러나 일반적으로 비기표적 언어 경제는 내가 기호 기계라고 부른 것, 언어적이고 의미 작용적인 랑그〔발화〕경제로 환원되어 왔다. 이러한 경향은 언어 요소들 및 서사적 선분들을 **표현**(Expression) 형상들에 관련시키고, 그럼으로써 다른 모든 기호론(기호계)들보다 언어학적 기호학을 우선시하는 롤랑 바르트(Roland Barthes)에게서 특히 분명하다. 정신에 연관된 모든 것을 언어학적인 기표의 통제 아래 두려는 것은 구조주의 흐름 쪽에서 범한 중대한 오류였다! 테크놀로지의 변화에 따라 우리는 주체성의 보편화하고 환원주의적으로 동질화하는 경향과 주체성 구성 요소의 이질성 및 특이성의 재강화라는 이질화 경향을 동시에 인식하지 않을 수 없다. 또한 '컴퓨터-이용(CAD, 컴퓨터이용디자인)'은 전례 없는 탄력적인 세계들로 향해 열리는 이미지의 생산이——예를 들어 나는 마타[3]가 도표식 팔레트를 가지고 작업하는 것을 생각하고 있다——라든가 수년 전까지는 전혀 상상할 수 없었던 수학 문제에 대한 해법을 가져온다. 그렇지만 이제 다시 우리는 체계적으로 염세주의적인 모든 전망이나 점진주의적인 모든 환상에서 벗어나야 할 것이다. 주체성의 기계적 생산은 더 좋은 방향으로도 더 나쁜 방향으로도 작용할 수 있다. 기술 혁신, 특히 정보 혁명과 연결된 기술 혁신을 대대적으로 거부하는 반근대적 태도가 실존한다. 그러한 기계적 진화를 긍정적이라고도 부정적이라고도 판단할 수 없다. 왜냐하면 모든 것은 언표 행위의 집합적 배치[4]와의 접합에 달려 있기 때문이다. 좋은 방

---

3) Roberto Matta(1911-2003). '마지막 초현실주의 작가'로 불리던 칠레 출신의 화가 겸 조각가. 칠레 산티아고에서 태어난 마타는 1930년대 화물선을 얻어타고 파리로 건너가 '현대 건축의 아버지' 르 코르뷔지에의 작업실에서 일하기 시작했다. 이후 앙드레 브르통·살바도르 달리와 만나 초현실주의 그룹에 합류한 그는 무의식과 꿈의 세계를 표현한 듯한 작품을 선보이며 활동을 펼치기 시작했다. 이후 잠시 뉴욕으로 거주지를 옮겼던 마타는 마르셀 뒤샹과 함께 미국의 실험 미술을 주도했고, 미국 추상표현주의 화가들에게도 지대한 영향을 끼쳤다. [역주]

향이라고 하면 그것은 새로운 준거 **세계**(Univers)의 창조 또는 혁신이지만, 나쁜 방향이라고 하면 그것은 오늘날 무수한 개인이 매여 있는 바보로 만드는 대중 매체화[매체 지배]이다. 이러한 새로운 영역들에서의 사회적 실험과 결합된 기술 진화로 아마도 우리는 현재의 억압 시기에서 탈출하여 매체 이용 방식의 재전유 및 재특이화에 의해서 특징지어진 탈-매체(postmédia) 시대로 들어갈 수 있을 것이다. (자료 은행이나 비디오 도서관에의 접근, 참여자들간의 상호 활동 등.)

주체성에 대한 다성적이고 이질적인 이해라는 동일한 움직임 위에서 우리는 현재의 행동학적이고 생태학적인 양상들에 대한 일정한 조사 연구를 생각하게 된다. 다니엘 스턴은 《유아의 대인 관계 세계》[5]에서 어린이의 언어 획득 이전의 주체 형성에 대해서 훌륭하게 탐구하였다. 그는 주체 형성은 프로이트적인 의미에서 '단계들'의 문제가 아니라 평생 계속 지속되는 주체화 수준들의 문제임을 보여 준다. 따라서 그는 주체성의 구조적 '**보편**들(Universaux)'로서 제시되어 온 프로이트적인 콤플렉스들이

---

4) agencement collectif d'énonciation. 애초에 배치 개념은 프로이트의 콤플렉스 개념을 대치하는 것이었다. 모든 것을 설명하는 준거가 되고 환원의 고정점이 되는 콤플렉스 개념에 대항하여, 다양한 기계들이 작동하면서 결합되어 일체를 이룬 상태를 말한다. 배치는 다양한 구성 요소들을 포함하며, 코드와 영토성에 의해 고정되지 않고 끊임없이 새로운 흐름들을 생산해 내는 틀이다. 다양한 기계들이 작동하면서 이루어 내는 집합적 구도를 언표 행위의 집합적 배치라고 한다. [역주]

5) Daniel Stern, 《The Interpersonal World of the Infant》, Basic Books, New York, 1985, pp.65~67. 프랑스어판 《Le Monde interpersonnel du nourrisson》, P.U.F., Paris, 1989, pp.94~97을 보라.

지닌 정신 발생에 대한 과대 평가된 성격을 거부한다. 다른 한편 스턴은 자아 감각과 타자 감각이 분리되지 않는 어린이의 경험 과정이 지닌 즉각적인 횡단 주체적 성격을 강조한다. 결국 주체성의 발생 국면들을 구조화하는 것은 '공유할 수 있는 정서(affect)'와 '공유할 수 없는 정서' 사이의 변증법이다. 이 발생기 상태의 주체성을 우리는 꿈, 망상, 창조적 정열, 또는 연애 감정…… 속에서 계속 발견할 것이다.

사회생태학과 정신생태학은 제도적 정신 치료 경험 속에서 특권적인 탐구 장소를 발견하였다. 나는 분명히 내가 오랫동안 일해 오고 있는 보르드 정신병원을 염두에 두고 있다. 거기서는 모든 것이, 정신병자가 의사 소통의 분위기를 발전시킬 목적으로뿐만 아니라 집단적 주체화를 위한 국지적 핵심 지대(foyer)들을 창조하기 위해서도 활동적인 분위기 속에서 살아가고 책임을 지도록 마련되어 있다. 그러므로 문제는 환자의 주체성을——정신적인 위기 이전의 상태로——단순히 재모델화하는 것이 아니라, 하나의 **독자적인**(sui generis) 〔주체성〕 생산이다. 예를 들어 가난한 농촌 환경에서 온 어떤 정신병 환자들은 조형 예술에 참여하거나, 드라마·비디오·음악 등을 하도록 권유받을 것인데, 그 때까지 그들은 이러한 세계들을 몰랐다. 반면 관료들, 지식인들은 부엌·정원·도자기 굽기·승마 클럽에서 물질적인 일에 스스로 매료될 것이다. 여기서 중요한 것은 새로운 표현 소재와의 대면만이 아니라 개인-집단-기계 사이의 복수적 교환들이라는 주체화의 복합체(complexion)들을 구성하는 것이다. 이러한 복합체들은 확실히 사람들에게 자신들의 실존적 신체성을 재조성하고, 반복적인 궁지들에서 벗어나고, 말하자면 스스로 재특이화할 수 있는 다양한 가능성을 부여한다. 구조적 콤플렉스들 속에 결정화된 주체성의 '이미 거기의' 차원들에서가 아니라 하나의 창조에서 진전하며, 그 자체가 일종의 미학적 패러다임과 관련되는 전이의 접목들은 바로 이처럼 작동한다. 사람들은 어떤 예술가가 자신이 다루는 팔레트에서 새로운 형식들을 창조하는 것과 같은 방식으로 새로운 주체화 양태들을 창조한다. 그러한 맥락에서 가장 이질적인 구성 요소들이 한 환자의 적극적인 진전에 협력할 수도 있다. 즉 건축 공간과의 관계, 경제적 관계들, 환자와 간호인이 다양한 치료 시설들을 공동 관리하는 것, 바깥 세계로 향해 열리는 모든 기회를 이용하는 것, 사건적인 '특이성들'을 과정적으로 이용하는 것, 이 모든 것은 타자와의 진정한 관계를 창출하는 데 기여할 수 있다. 치료 제도의 이러한 구성 요소 각각에 하나의 필요한 실천이 대응한다. 우리는 즉자적인 것으로서 주어진 주체성과 마주하고 있는 것이 아니라, 자율성의 실현 과정들이나 (프란시스코 바렐라가 이 용어[6]에 부여한 의미와는 약간 다른 의미에서) 자기 생산(autopoïèse) 과정들과 마주하고 있다.

이제 가족 정신 치료의 영역에서 정신의 행동학적이고 생태학적인 동인들을 이용한 사례를 검토해 보자. 우리는 앵글로색슨 나라들과 이탈리아에서 유통하는 체계적 이론들의 지배에서 벗

---

6) Francisco Varela, 《*Autonomie et Connaissance*》, Le Seuil, Paris, 1989. (이것은 《*Principles of Biological Autonomy*》, North Holland Press, New York, 1979의 프랑스어판이다.)〔원주〕이 책 2장 주 2) 참조.〔역주〕

어나려고 하는 모니 엘캥[7]을 중심으로 한 사조에서 이 실례를 빌려 온다. 여기서 또한 치료의 독창성에 주목하면 우리는 과학적인 패러다임에서 벗어나서 미학적-윤리적 패러다임으로 접근하게 된다. 치료자들은 위험을 감당하면서 스스로의 적절한 환상을 작동시켜 놀이와 흉내의 자유를 지닌 이 실존적인 진실성이란 역설적인 분위기를 만들어 낸다. 가족 치료는 가능한 한 가장 예술적인 방식으로 주체성을 생산한다. 이것은 치료자들이 심리극적인 장면들을 즉흥적으로 연출하기 위해 협력할 때인 훈련 기간중에 확인된다. 여기서 그 장면은 다음과 같은 언표 행위의 층쌓기를 의미한다. 즉 구체적인 구현화(incarnation)로서의 자기 자신에 대한 전망, 언표 주체와 역할 배분으로 나뉘는 언표 행위 주체, 게임의 집단적 관리, 장면에 대한 평가자들과의 상호 대화, 그리고 마지막으로 **피드백**을 통해 이러한 겹쳐진 수준들 전체를 복원하는 비디오 시청. 이러한 형태의 수행〔연기〕은 경험한 장면들을 가족 구조 속에 실제로 구현되어 있는 체계로서 이해하는 '현실주의적' 태도를 철회하려고 한다. 복수적인 결정면을 지닌 이러한 연극적 측면을 통해 우리는 주체성 생산이 지닌 예술적이고 창조적인 성격을 알 수 있다. 비디오 시청은 항상 치료자들이 볼 수 있는 곳에 있다는 것을 강조해야겠다. 카메라가 닫혀 있을 때조차도 그들은 일상적 관찰을 벗어나는 어떤 기호적 표명들을 관찰하는 습관을 발전시킨다. 환자들과 얼굴을 맞대고 장난하는 것과 이러한 종류의 치료에서 개발된 특이성들을 받아들이는 것은, 고개를 돌리고 하는 정신분석가의 태도나 심

---

7) Mony Elkaim, 《*Si tu m'aimes, ne m'aime pas*》, Le Seuil, 1989.

지어는 고전적인 심리극 연기와도 다르다.

현대사의 측면에서, 기계적인 기호 생산의 측면에서 생각하든, 혹은 유아기의 행동학·사회생태학·정신생태학의 측면에서 생각하든, 우리는 확실히 존속하며 언표 행위의 집단적 배치에 의해 만들어지는 주체적 개별화에 대한 동일한 문제 제기를 목격한다. 현 단계에서 가장 포괄적인 것으로서 제기하고 싶은 주체성에 대한 잠정적인 정의(규정)는, '개인적 그리고/혹은 집단적인 층위들이 그 자체 주체적인 타자성과 인접한 혹은 한정하는 관계에 있는 자기 준거적인 실존적 **영토**(Territoire)로서 등장할 수 있도록 하는 조건들 전체'이다. 사회적이고 기호학적인 일정한 맥락에서 주체성은 개별화된다는 것을 우리는 안다. 즉 자기 자신에 대해서 책임을 지는 사람은 가족적인 습관, 지방적 관습, 법률 등에 의해서 지배되는 타자성 관계 안에 위치한다. 다른 조건에서는 주체성은 집합적(collectif)이다. 그러나 이것은 주체성이 전적으로 사회적인 것으로 된다는 것을 의미하지 않는다. '집합적'이라는 용어가 여기서는 개인을 넘어서서 사회체 쪽에서 전개되는 만큼 동시에 사람의 안쪽에서, 잘 한정된 집합체들의 논리보다는 오히려 정서의 논리에 관련되는 언어 이전의 강렬도의 방향으로 전개되는 복수성(multiplicité)의 의미로 이해되어야 한다.

그러므로 이러한 재정의에서 개관한 (주체성의) 생산 조건들은 언어에 의해서 표시되는 상호 주체적인 인간적 층위들, 행동학에 속하는 암시적이거나 동일시적인 층위들, 상이한 성질의 제도적 상호 작용들, 기계적 배열 장치들(예를 들어 컴퓨터 보조에 의존하는 것들), 음악과 조형 예술과 관련한 **세계**와 같은 무형적인 준거 **세계**들 모두를 포함한다. 비인간적이고 개인 이전의 주체성의 이러한 부분은 바로 이것으로부터 주체성의 이질발생(hétérogenèse)[8]이 발전할 수 있기 때문에 중요하다. 주체성의 비인간적 측면을 강조한 들뢰즈와 푸코가 반인간주의적 입장을 취하였다고 그들을 의심하는 것은 잘못 판단하는 것이다! 문제는 그것이 아니다. 오히려 문제는 '정신의 능력,' 인간 상호 관계나 가족 내적인 콤플렉스들 안에서만 작용하지는 않는 주체화 기계들의 실존을 인식하는 것이다. 주체성은 정신분석의 정신 발생적 단계들이나 **무의식**의 '수학소(matheme)'[9]를 통해서뿐만 아니라 인간적이라고 규정할 수 없는 거대한 사회 기계들, 대중 매체 기계들, 언어 기계들 안에서도 생산된다. 탈근대적인 사회적 포기 속에서 허둥거리지 않기 위해서, 분명 무시할 수 없는 구조주의적 발견들과 그것들의 실용적인 응용 사이에 어떤 균형을 찾을 필요가 있다.

프로이트는 자신의 무의식 개념으로 정신이라는 감추어진 대륙이 실존하고, 그 속에서 충동적 · 정서적 · 인식적 선택이 본질적으로 이루어지고 있다고 가정했다. 오늘날 우리는 무의식 이론들과 무의식에 준거하는 정신분석적 · 정신치료적 · 제도적 · 문학적 실천들을 분리시킬 수 없다. **무의식**은 하나의 제도, 넓

---

8) 제2장 주 1) 참조. [역주]

9) 라캉이 신화소(mytheme, 신화 체계의 기본 구성 요소를 나타내기 위해 레비스트로스가 제시한 용어)라는 용어와 대비를 이루어 '수학'이란 단어에서 만들어 낸 조어이다. 라캉은 수학소로서 욕동을 위한 수학소와 환상을 위한 수학소라는 두 가지 공식을 말한다. 라캉은 수학소는 초월적 기표가 아니라 절대적 의미 작용의 지표들이라고 주장한다. [역주]

은 의미로 이해되는 '**집단적 장비**'가 되어 왔다. 사람은 꿈꾸고 망상하고 잊어버리고 실언하는…… 순간 자신이 무의식으로 차려입은 것을 발견한다. 프로이트의 발견들——나는 발명이라고 하는 것을 더 좋아한다——은 확실히 우리가 오늘날 정신에 접근할 수 있는 방식들을 풍부하게 해주었다. 나는 여기서 경멸적으로 발명이라고 말하는 것이 아니다! 기독교도들이 새로운 주체화 정식(중세의 기사도와 낭만주의, 새로운 사랑, 새로운 본성)을 발명하고, 볼셰비즘이 새로운 계급 감정을 발명한 것과 같이 다양한 프로이트 분파들도 히스테리, 소아신경증, 정신병, 가족 갈등, 신화 해석 등을 경험하고 생산하기까지 하는 새로운 방식들을 분비하였다. 프로이트적인 **무의식**은 자신의 역사 경로에서 스스로 진화하였다. 즉 프로이트적인 **무의식**은 처음 생겨날 때 지녔던 들끓는 풍요함과 소란스러운 무신론을 잃어버리고, 구조주의적 해석에서는 자아분석, 사회 적응 혹은 기표적 질서에의 순응에 다시 초점을 맞추게 되었다.

나의 관점은 인문과학과 사회과학을 과학적인 패러다임에서 미학적-윤리적 패러다임으로 바꾸는 것에 있다. 문제는 더 이상 프로이트적인 **무의식**, 혹은 라캉적인 **무의식**이 정신의 문제들에 대해서 과학적인 답을 제시하는가를 아는 것이 아니다. 이제부터 이러한 모델들을 다른 것들 가운데에서도——주체성 생산을 촉진하는 기술적·제도적인 배열 장치(dispositif)들만큼이나 그 장치들이 정신의학, 대학 교육 혹은 대중 매체……에 미치는 영향력과도 분리할 수 없는——주체성 생산이란 측면에서만 고려할 것이다. 좀더 일반적으로 말하면 각 개인, 각 사회 집단은 주체성을 모델화하는 자신의 고유한 체계를, 즉 인식적 지표들 뿐만 아니라 신화적·의례적·징후적인 지표들로 구성된 어떤 지도를 지니고 있다는 것을 인정해야 한다. 그 지도에 기초하여 개인이나 사회 집단은 스스로의 정서들·분노들과 관련하여 스스로의 위치를 정하고 자신의 금기들과 충동들을 관리하려고 한다.

정신분석적 치료에서 우리는 복수의 지도에, 분석자와 피분석자의 지도, 가족 지도, 이웃 지도 등에 마주한다. 바로 이러한 지도들의 상호 작용이 상이한 주체화 배치들에 지도들의 체제를 부과할 것이다. 그 지도들 가운데 어떤 것도 환상적이든 망상적이든 이론적이든 정신에 대한 객관적 지식을 표현한다고 말할 수 없다. 그 지도들 모두는 일정한 맥락, 일정한 틀, 주체적 상황의 실존적 갑옷을 지지하는 한 중요하다. 여기서 우리의 문제는 단순히 사색의 차원에 있는 것이 아니라 지극히 실천적인 각도에서 제기된다. 정신분석적 '시장'에서 우리에게 제출된 **무의식**에 관한 개념들은 주체성 생산의 현실적 조건들에 적절한가? 그 개념들을 변형시켜야 하는가, 새로운 개념들을 발명해야 하는가? 이러한 모델화에 관해 질문(좀더 정확히는 심리학적 메타모델화)함으로써 우리는 이러한 지도 도구들——정신분석, 체계 이론 등에서 온 개념들——의 유용성을 평가할 수 있게 된다. 우리는 그것들을 과학적인 주장들을 하면서 배타적인 보편적 독해를 위한 격자로서 사용하는가, 아니면 다른 것들과, 즉 기능적 차원의 궁극적 기준과 결합하는 부분적 도구들로 사용하는가? 의외의 충격으로 의식 속에서는 어떤 과정들이 전개되는가? 주위 세계가 격변하고 있을 때 사고 양식, 이해 능력은 어떻게 수정되는가? 스스로 변화하는 과정에 있는 외부 세계에 대한 표상은 어떻게 변하는가? 프로이트적인 **무의식**은 자신의 과거, 자신의 남근주의적 전통, 그리고 자신의 주체적인 불변 요소들에 밀착된 사회와 분리될 수 없다. 현재의 격변은 확실히 더욱 미래로 향한 모델화와 사회적이고 미학적인 새로운 실천의 등장을 요청한다. 삶의 의미에 대한 평가 절하는 자아 이미지의 파편화를 야기하고, 자아 이미지의 표상들은 혼동스럽고 모순적인 것으로 된다. 이러한 격변들에 마주하여 가장 좋은 태도는 해당 개인들 및 집단들과의 변증법적인 관계 속에서 지도 그리기와 심리학적 모델화의 작업을 계획하는 데 있을 것이다. 중요한 것은 스스로 권위적인 태도들에서 벗어났다고 주장함에도 불구하고 정신분석에서 그렇게 커다란 위치를 차지하는 권위적인 태도들과 제안들을 불신하면서 주체성 생산에서 공동 경영의 방향으로 나아가는 것이다.

오래전부터 나는 프로이트적 토픽인 **의식-무의식**의 이원론을, 그리고 오이디푸스적인 삼각형 구조 및 거세 콤플렉스와 관련된 모든 마니교적인(이원론적인) 대립을 거부하였다. 나는 무의식을 복수적인 주체화 지층들, 가변적인 폭과 일관성[10]의 이질적인 지층들이 겹쳐진 것으로 보았다. 따라서 그것은 가족적인 질곡으로부터 해방된, 과거로의 고착이나 퇴행으로 향하기보다 현실적 실천으로 더욱 향하고 있는 보다 '분열'적인 무의식

---

10) consistance. 일관성이란 고정된 위계와 질서에 의해 단일하게 전체화된 통일체가 아니라, 고유한 차이들 속에서 상호 작용할 때에 나타나는 경향성을 말한다. 흔히 준거(reference)는 어떤 표준을 상정하지만, 일관성은 표준을 상정하지 않고 상호 작용 속에서 만들어지는 것이다. 서로 딴소리를 지껄이는 정신병 환자들 사이에서 생기는 일정한 상호 인식의 틀 같은 것을 예로 들 수 있을 것이다.[역주]

이다. 구조와 언어의 무의식이라기보다는 **흐름(Flux)**과 추상 기계[11]의 **무의식**이다. 그러나 나는 나의 《분열분석적 지도 제작》[12]을 과학적 이론이라고 생각하지 않는다. 예술가가 자신의 선배나 동시대인으로부터 자신에게 합치하는 특징들을 차용하듯이, 나는 나의 독자들에게 나의 개념들을 자유로이 취하거나 거부하도록 권한다. 중요한 것은 최종 결과가 아니라 다중 구성 요소적인 지도 제작 방법이 주체화 과정과 공존할 수 있고 주체성의 생산 수단의 재전유, 자기 생산을 가능하게 할 수 있다는 사실이다.

물론 나는 정신병과 예술 작품을, 또는 정신분석가와 예술가를 동렬에 놓고 있는 것은 아니다! 나는 단지 여기서 해당 실존적 등록기[작용 영역]들이 미학적 질서의 자율화[아우토노미아] 차원을 포함하고 있다는 것을 강조하고 있을 뿐이다. 우리는 주체성을 객관화하고 물상화하고 '과학화' 하는가, 아니면 반대로 주체성을 그 과정적인 창조성의 차원에서 파악하려 하는가라는 중요한 윤리적인 선택에 직면해 있다. 칸트는 기호(嗜好)에 의한 판단이 주체성 및 주체성의 타자와의 관계에 어떤 '공평무사'[13]한 태도를 취하도록 만든다고 밝혔다. 그러나 자유와 공평무사란 범주들을 무의식적인 미학의 본질적 차원으로 지정하는 것은 불충분하며, 오히려 이러한 자유와 공평무사가 정신 속에 삽입

---

11) machine abstraite. 특수한 기계, 과정 또는 배치를 이루는 내재적 관계를 말한다. 감옥·공장·학교·죄수·노동자·학생 등의 형태화된 내용이나, 형법·규약·법규 등의 형태화된 표현과는 달리 형태화되지 않은 순수한 기능으로서 양자에 공통적으로 작용하는 메커니즘을 말한다. 푸코에게서 판옵티콘이 이에 해당한다고 할 수 있다. 가타리는 이러한 추상기계는 구체적인 과정 속에서 현실적으로 작동하고 있다는 점을 강조한다.[역주]

12) Félix Guattari, 《Cartographies schizoanalytiques》, Galilée, Paris, 1989.

되는 능동적 양식을 밝히는 것이 필요할 것이다. 일정한 기호적 선분들은 어떻게 해서 자율화하고 자기 자신을 위해서 작동하기 시작하고, 새로운 준거의 장들을 분비하기 시작하는가? 바로 그 러한 단절로부터 새로운 자유 계수들의 발생과 함께 실존적인 특이화(singularisation)[14]가 가능해질 것이다. 지배적인 의미 작용 의 장에서 윤리-미학적 '부분 대상'의 이러한 이탈은 어떤 돌연 변이적인 욕망의 촉진과 어떤 공평무사함의 달성 양자에 일치한 다. 여기서 나는 무의식적 주체성의 구성 요소들의 자율화를 표 시하는 부분 대상(라캉이 이론화한 대로의 대상 'a')[15] 개념과 미 학적 대상과 상관적인 주체적 자율화 사이에 다리를 놓고 싶다. 우리는 여기서 미하일 바흐친의 문제 설정을 재발견한다. 1924 년에 쓴 최초의 이론적 시론[16]에서, 바흐친은 인식적 혹은 윤리

---

13) '이 모든 세 가지 종류의 기쁨(합치할 수 있는 것, 아름다운 것, 그리고 좋 은 것) 가운데 아름다운 것에서의 기호의 기쁨은 하나뿐인 유일한 공평무사 하고 자유로운 기쁨이라고 말할 수도 있다. 왜냐하면 그것이 있으면 감각이 나 이성 어떤 것이 동의를 거부할지라도 전혀 상관없기 때문이다.' Emmanuel Kant, 《Critique de la faculté de juger》, Vrin, 1986, pp.54-55.

14) 자신의 고유한 특성을 강화해 나가면서 서로 소통해 나가는 과정을 말 한다. [역주]

15) 어린이는 발달 단계에서 대상을 식별하면서 부모와의 관계를 맺어간다. 그때 어린이는 다양한 육체적인 모습 가운데 태반·젖가슴·똥·시선·목소 리 등의 대상들을 통해 관계를 맺는다. 어린이는 발달 단계에 따라 이 대상들 을 차례로 소비하고 버린다. 이러한 대상들을 둘러싸고 어린이의 환상이 만들 어지고 자아와 타자에 대한 관념이 형성된다. 이 대상들을 부분 대상이라고 한다. 라캉은 이 부분대상을 좀더 타자를 파악해 나가는 과정에서 욕망을 담 지한 것으로 보고 대상 a라고 하였다. 소문자 a는 대문자 타자(Autre)와 대비 되는 소문자 타자(autre)이다. 가타리는 대상 a에 덧붙여, 어린이가 부분대상 과 같은 실제 대상과 사이에 가지고 놀거나 관계 맺는 대상들을 과도적 대상 이라고 한 위니콧(Winnicott)의 용어를 적극적으로 받아들이려고 한다. [역주]

적인 내용의 자율화와 미학적 대상——내가 부분적 언표 행위자라고 부른 것——에서 그 내용의 완성에 의해서 미학적 형식의 언표 행위적 재전유 기능을 부각시킨다. 나는 신체에 인접한 정신분석적 부분 대상——충동의 연결 지점——을 부분적 언표 행위로 끌어가려고 한다. 라캉이 대상 'α'에 시선과 음성을 포함시켜서 기여한 바, 부분 대상 관념의 확장을 따를 필요가 있다. 부분 대상 개념을 집단 주체들에 관련한, 그리고 기계적·생태학적·건축적·종교적 등의 주체성 생산 층위들에 관련한 주체적 자율화의 핵심 지대 전체를 포괄하는 범주로 만드는 것이 중요하다. 바흐친은 한 예술 작품의 작가와 관찰자——프랑스의 화가 마르셀 뒤샹[17]의 의미에서 '응시자(regardeur)'——의 사이에서 작동하는 주체화의 전이를 묘사하였다. 바흐친에 따르면 이 움직임 속에서 '소비자'는 말하자면 공동 창조자가 된다. 미학적 형식은 표현 소재가 형식적으로 창조적인 것으로 되는 그러한 종류의 고립화나 분리 기능을 통해서만 이러한 결과에 이를 수 있을 뿐이다. 예술 작품의 내용은 자신의 인식적 및 윤리적인 명시적 의미(connotation)에서 이탈한다. '고립화나 분리는

---

16) Mikhaïl Bakhtine, 〈Le problème du contenu, du matériau et de la forme dans l'œuvre littéraire〉, in 《Esthétique et théorie du roman》, Gallimard, 1978.

17) Marcel Duchamp(1887-1968). 프랑스 블랭빌에서 출생. 파리의 아카데미 쥘리앙에서 공부하면서 세잔의 영향을 받았고, 뒤이어 1911년에 입체파의 일파인 섹시옹 도르에 참가했다. 1911년 파리에서, 1912년 뉴욕의 아모리 쇼에서 동시성을 표시한 회화 《계단을 내려오는 누드》를 발표하여 큰 반향을 일으켰다. 1913년부터 다다이즘의 선구로 보이는 반예술적 작품 발표를 시작, 1915년 도미하자 이듬해 뉴욕에 독립미술협회를 결성하여 반예술 운동을 일으켰다. 제1차 세계대전 후 파리에 돌아와 초현실주의(쉬르리얼리즘)에 협력, 1941년 브르통과 함께 뉴욕에서 초현실주의전을 열었다. 〔역주〕

사물로서의 작품에 관계하는 것이 아니라 작품의 의미 작용이나 내용에 관계하는데, 이 의미 작용이나 내용은 너무 자주 자연의 통일성 및 존재의 통일성과의 어떤 필연적 연관에서 벗어나 있다.'[18] 그러므로 일정한 미학적인 언표 행위 양식을 만들어 내도록 '작가를 수중에 넣는' 어떤 유형의 내용 선분이 있다. 바흐친이 강조하듯이 음악에서 고립화나 발명은 소재와 가치론적으로 관련될 수 없다. '고립화되는 것은 청각음이 아니며, 발명되는 것은 작곡에 개입하는 수학적인 수가 아니다. 고립화되고 발명에 의해 불가역적일 수 있게 되며, 그래서 어떤 장애도 없이 스스로로부터 제거되어 자기 완성 속에서 휴식을 찾는 열망의 사건, 가치 증식하는 긴장감이다.'[19] 시의 영역에서는 자신을 이탈시키고 자신을 자율화하고 자신을 완성하기 위하여, 창조적 주체성은 기꺼이 다음과 같은 것에 사로잡힐 것이다.

1) 말의 음향, 말의 음악적 측면.

2) 미묘한 차이와 변이들을 지닌 말의 물질적인 의미 작용들.

3) 말의 구어적 연독(liaison, 連讀)의 측면들.

4) 말의 정서적이고 의지적인 억양 측면들.

5) 발음·몸짓·표정이라는 동력적인 요소들을 포함한, 자신의 기표가 지닌 능동적 생산에서 구어 활동의 느낌. 전체 유기체가 그 말의 활동성·정신을 지닌 채 구체적으로 통합되면서 끌려 들어가게 되는 어떤 움직임의 느낌.

그리고 바로 이 마지막 측면이 다른 측면들을 포괄한다고 바

---

18) **Mikhaïl Bakhtine**, 앞의 글, p.72.

19) **Mikhaïl Bakhtine**, 앞의 글, p.74.

흐친은 선언한다.[20]

이런 예리한 분석들은 부분적 주체화에 관한 우리의 접근을 확장시킬 수 있게 해준다. 마찬가지로 우리는 바흐친에게서 미학적 대상의 불가역성이라는 생각과 암묵적으로는 자기 생산이란 생각——**무의식** 구성체의 분석, 교육학, 정신 치료 분야에서, 그리고 더욱 일반적으로는 자본주의적 주체성이 망쳐 놓은 사회적 장에서 정말로 필요한 관념들——을 발견한다. 그러므로 우리가 내용으로부터 이탈한 그러한 선분들, 내가 '실존적 리토르넬르'[21]라는 범주에 넣고 있는 그러한 선분들의 작동을 보는 것은 시와 음악의 틀에서만은 아니다. 주체화 양식의 다성성(polyphonie)은 실제로 '시간(박자)을 맞추는' 방식의 복수성에 일치한다. 그러므로 다른 리듬적인 것들은 자신들이 구현하고 특이화하는 실존적인 배치들을 결정화하는 데로 나아간다.

실존적 영토들을 한정하는 리토르넬르의 가장 단순한 사례는 다양한 조류의 행동에서 찾아볼 수 있다. 어떤 특정한 노래 시퀀스는 성적 파트너를 유혹하고, 침입자를 위협하고, 약탈자의 도래를 알리는 데 봉사한다.[22] 각 경우에 명확히 한정된 기능적 공간을 정하는 것이 중요하다. 고대 사회에서는 리듬·노래·춤·가면에 입각하여, 의례에서 신비한 준거에 입각하여, 신체·

---

20) Mikhaïl Bakhtine, 앞의 글, p.74.

21) ritournelle. 교향곡에서의 반복구를 말한다. 반복되면서 변화를 가져온다. 가타리는 리토르넬르를 실존적 정서(affect)들을 결정화하는 반복적인 연속체라고 하였다. 이 반복구는 소리 차원, 감정 차원, 얼굴 차원 등을 지니고 있으며, 끊임없이 서로 침윤해 간다. 시간의 결정(結晶)들을 퍼뜨리는 리듬이라고 할 수 있겠다. (역주)

22) Félix Guattari, 《L'Inconscient machinique》, Recherche, Paris, 1979.

땅·토템에 대한 표시에 입각하여 다른 종류의 집단적인 실존적 **영토**들이 확정된다.[23] 이러한 종류의 리토르넬르들은 **고대** 그리스에서의 '노모스(nomes)' [짧은 시행령의 결정 문구)에서 발견되는데, 이것은 어떤 방식으로 동업자 조합의 깃발이나 인장·'테마 음악'을 구성한다. 그러나 우리 모두는 우리들을 슬픔에, 또는 진정으로 즐거움과 흥분의 분위기에 빠지게 하는 촉매적인 시간적 모듈의 작용에 의해 주체적 문턱들을 그렇게 넘어서는 것에 대해서 잘 안다. 이 리토르넬르 개념으로 우리가 목표하는 것은 대량적인 정서들뿐만 아니라, 음악이나 수학의 세계들과 같은 무형적 **세계**들의 등장을 촉매하고 가장 탈영토화된 실존적 **영토**들을 결정화하는 초복합적(hyper-complex) 리토르넬르들이다. 이러한 종류의 횡단적 리토르넬르를 엄밀하게 시·공간적으로 한정할 수 없다. 리토르넬르와 함께 시간은 외부적인 존재이기를 그치고, 시간(리듬)화의 강렬한 핵심 지대가 된다. 이러한 관점에서 보편적 시간은 하나의 가설적 투사, 일반화된 등가의 시간, '평면화된' 자본주의적 시간 이상이 아닌 것으로 나타난다. 중요한 것은 생물학적·행동학적·사회 문화적·기계적·우주적…… 등의 다양한 영역에서 작동하는 부분적 시간화의 이러한 모듈들 속에 있으며, 이것들에 입각해서 복합적 리토르넬르는 매우 상대적인 실존적 공시성들을 구성한다.

복합적 리토르넬르가 지배적인 역할을 하는 이러한 다성적인 주체성 생산 양식을 예증하기 위해서 텔레비전 소비의 예를 생

---

23) 오스트리아 원주민들의 신비한 지도 제작들에서 꿈의 역할을 보라. Barbara Glocewski, 《*Les Rêveurs du désert*》, Plon, Paris, 1989.

각해 보자. 내가 텔레비전을 보는 경우 나는 1) 최면술에 근접한 사진기의 빛나는 탐조등에 의해 촉발된 지각적인 매혹,[24] 2) 주위의 사건(난로 위에서 끓고 있는 물, 어린이의 울음소리, 전화……)들에 대한 측면 경계와 연관된 방송의 서사적 내용과의 포획 관계, 3) 나의 백일몽에 거주하고 있는 환상들의 세계 사이의 교차점에 존재한다. 그러므로 개인적인 정체성에 대한 나의 느낌은 다양한 방향으로 이끌린다. 나는 나를 관통하는 주체화 구성 요소들의 다양성에도 불구하고 통일성에 대한 상대적 감각을 어떻게 유지할 수 있는가? 그것은 나를 투사적인 실존적 결절로서 거기에서 구성된 텔레비전 스크린 앞에 고정시키는 이러한 리토르넬르화에 관련된다. 나는 이미 앞에 있는 것이다. 나의 정체성은 텔레비전 속에서 말하는 인물, 즉 발언자가 되었다. 바흐친과 같이 리토르넬르는 형식, 소재, 일상적 의미 작용이라는 요소들에 근거한 것이 아니라 의미 작용적이고 감각적인 카오스 안에서 '어트랙터(끌개)'처럼 설립되는 실존적인 '모티프'(혹은 라이트모티프)의 이탈에 근거한다고 나는 말하고 싶다. 상이한 구성 요소들은 자신들의 이질성을 보존하지만, 그럼에도 불구하고 자신들을 자아의 실존적 **영토**에 접목시키는 리토르넬르에 의해 포획된다. 신경증적 정체성의 경우에 종종 리토르넬르는 '경화된' 표상으로, 예를 들어 강박적 의례로 구현되는 일이 생긴다. 어떤 이유에서도 이러한 주체화 기계가 위협받으면, 인성〔퍼스

---

24) 최면술과 암시에 대한 재검토와 관련해서는 다음을 참조. Léon Chertok et Isabelle Stengers, 《Le cœur et la raison: L'hypnose en question de Lavoisier à Lacan》, Payot, Paris.

널리티) 전체가 내부 파열할 수도 있다. 이것은 부분적 구성 요소들이 망상적이고 환영적인 선들······로 나가는 정신병에서 사실이다. 복합적 리토르넬르라는 이 역설적인 개념으로 우리는 정신분석적 치료에서 해석적 사건을 더 이상 **보편**들이나 수학소로도, 미리 정립된 주체성의 구조로도 환원할 수 없고, 오히려 내가 **세계**의 성좌라고 부른 것에 준거토록 할 수 있다. 문제는 준거 **세계** 일반이 아니라 우리가 생산함과 동시에 찾는, 그리고 우리가 그것들을 만드는 순간부터 항상 거기에 있었던 무형적 본질체(entité)의 영역들이다. 이러한 세계들의 고유한 역설이 여기에 있다. 즉 이러한 세계들은 창조적인 순간에 개별성(hecceité)으로서 주어지며, 담론적 시간에서 벗어난다. 이러한 세계들은 순간들 사이에 위치한 영원성의 핵심 지대 같기 때문이다. 더욱이 그 세계들은 (가족적인, 성적인, 갈등적인) 상황 요소들을 넘어서, 자신들의 출현이라는 사건에서부터 열리는 모든 가상적 선들의 투사에 대한 설명을 포함한다. 간단한 예를 들어 보자. 치료 과정에서 어떤 환자는 자신의 문제에 봉착하여 공회전하고 난관에 빠진다. 어느 날 그는 별로 중요하게 생각하지 않은 채 말한다. "수년 동안 운전을 하지 않았기 때문에, 나는 운전 교습을 다시 받는 것에 대해 생각해 왔다." 또는 "나는 텍스트를 다루어 보고 싶다." 이러한 종류의 이야기(화제)는 전통적인 분석 관념에서는 간과될지도 모른다. 그러나 그러한 특이성이 환자의 즉각적인 행동을 수정할 뿐만 아니라 그에게 새로운 가상성의 장들——오랫동안 보지 못했던 사람들과 접촉을 재개하고, 친지들과 예전의 관계를 다시 맺고, 자신감을 다시 획득할 가능성······——을 열어 줄, 복합적 리토르넬르를 개시하게 돕는 하나의 열쇠가 될 수 있다. 여기서 치료자의 너무 엄격한 중립성이나 비개입은 부정적일 것이다. 기회를 잡아서 동의하고 잘못될 위험을 감내하면서 "그래, 사실 이러한 경험은 아마도 중요해"라고 말하면서 계속하도록 돕는 것이 필요하다. 새로운 준거 **세계** 성좌의 궁극적 담지자로서 사건에 반응하는 것. 이것이 내가 주체성의 구축을 향하여, 유아기에 집중하는 상징적 해석학에 의해 단순히 양극화되지 않는 가상성의 장들의 생산을 향하여 나아가는 실용적 개입들을 선택한 이유이다.

이러한 분석 관념에서 시간은 참아내야 할 존재가 아니다. 시간은 움직이고 방향지으며, 질적 변화〔돌연변이〕의 대상이다. 분석은 더 이상 이미 실존하는 잠재적 내용의 기능에 따라 증상을 전이적으로 해석하는 것이 아니라, 실존을 분기시킬 수 있는 새로운 촉매적 핵심 지대를 발명하는 것이다. 특이성, 의미의 절단, 단절, 선분화, 기호적 내용으로부터의 이탈——다다이즘이나 초현실주의적인 방식의——은 주체화의 돌연변이적인 핵심 지대에서 발생할 수 있다. 화학은 동질적인 원자적 분자적 물질을 추출하기 위하여 복잡한 혼합물을 정화하는 것에서 출발하여, 그로부터 전에는 실존하지 않던 무한정한 규모의 화학적 본질체들을 조성하였다. 주체성의 엄청난 복잡화——지금까지 듣도 보도 못한 하모니, 다성음·대위법·리듬, 그리고 실존적 교향 작용——를 가능케 하는 정신분석적 의미에서의 미학적 주체성들이나 부분 대상들의 '추출'이나 '분리'에 대해서도 마찬가지이다. 재영토화하는 함몰에 의해 끊임없이 위협받기 때문에 본질적으로 불안정한 탈영토화하는 복잡화이다. 무엇보다도 기계적으로 만들어진 정보 흐름을 우선시하는 것이 낡은 실존적 **영토성**(Territorialité)들의 전반적인 해체를 가져오려고 위협하는 현재적 맥락에서는 그러하다. 산업 사회의 초기 국면에서는 '악마적인' 것이 그래도 꽃피웠지만, 그후 신비는 점점 희귀한 물건이 되어 왔다. 여기서 비트키에비치[25]가 문자 그대로 자신의 손가락들 사이에서 흘러 떨어질 듯한 궁극적인 '존재의 기묘함' 을 파악하려는 절망적인 탐색을 생각해 보면 충분할 것이다. 이러한 조건에서 인위적으로 정제되고 재특이화된 주체화 **세계**들을 재조성하는 것은 넓은 의미에서의 시적 기능에 속할 것이다. 그 주체화 세계들에게는 메시지를 전달하고 동일시의 지주로서 이미지나 모델화 절차의 지지물로서 행위 유형을 투여하는 것이 문제가 아니라, 일관성과 지속성을 획득할 수 있는 실존적인 작용 인자를 촉발하는 것이 문제이다.

문자적·음성적·음악적·조형적 담론들 안에서 작동하는 것으로 우리가 알고 있는 이러한 시적—실존적 촉매 작용은, 예술 작업의 창조자·해석자·애호가의 언표 행위적 결정화에 분석자와 환자처럼 준—공시적으로 개입한다. 이 촉매 작용의 효능은 기호적으로 구조화된 의미 작용적이고 암시적인 직조 속에서 능

---

25) 스타니아프 이그나시 비트키에비치(Stanislaw Ignacy Witkiewicz, 1885-1939). 폴란드의 극작가·화가·철학자. 비트키에비치는 '순수 형식' 이라 부른 비—자연주의적·비—리얼리즘적 연극에 관한 이론과 실천을 발전시켰다. 이것의 목적은 '형식적인 구축물들의 파악을 통해서 형이상학적인 느낌' 을 불러일으키는 것이다. 작품들이 개인들에 의해 창조되고, 따라서 '개인화된 형식' 을 이룬다는 점에서 그 구축물들은 필연적으로 순수하지 않지만 말이다. [역주]

동적이고 과정적인 절단들을 만들어 낼 수 있는 자신의 능력에 있다. 그 직조 속에서 촉매 작용은 다니엘 스턴의 의미에서 막 성장하는 주체성〔출현적 자아〕이 작동하도록 할 것이다. 따라서 그러한 분석적-시적인 기능은 어느 정도의——결국 역사적이고 지정학적인 관점에 놓인——주어진 언표 작용 영역에서 효율적으로 개시될 때, 자기 준거화와 자기 가치 증식의 돌연변이적 핵심 지대로서 설치된다. 이것이 우리가 분석적-시적 기능을 항상 다음과 같은 두 가지 각도에서 고찰해야 하는 이유이다. 1) 지배적 잉여성[26]들의 틀, '이미 분류된' 조직 혹은 더 좋아한다면 고전적인 질서를 전복할 수 있는 감지할 수 없는 분기(bifurcation), 분자적 절단으로서. 2) 분석적-시적 기능이 이들 바로 잉여성 연쇄들에서 특정한 선분들을 선택하여 그 선분들에 내가 막 환기한 비기표적인 실존적 기능을 부여함으로써 그것들을 '리토르넬르화' 하고 주체화의 '변환자들'로서 작동하는 유독한 부분적 언표 행위 파편들을 생산하는 식으로. 마르셀 뒤샹의 희망에 따라 완전히 '응시자'에게로 향해 있는 반복 음악이나 부토(Buto) 춤[27]에서 볼 수 있듯이, 여기서는 기본 소재의 질은 거의 중요하지 않다. 무엇보다도 중요한 것은 새로운 실존적 건조물의 이질적인 구성 요소들을 어울릴 수 있도록 하는 시간화의 돌연변이적인 리듬적 힘〔돌진〕이다.

---

26) redondance. 언어에서의 군말, 쓸데없는 말, 소음을 말하는 용어다. 가타리는 문법 체계에 짜여진 언어를 넘어서서 다양한 요소들(몸짓, 소리, 모양, 태도 등)을 포괄하여 말할 때 잉여성이라는 개념을 사용한다.〔역주〕

27) 舞踏. 1960년대 출현하여 일본 전위 예술의 한 축을 이뤘던 춤. 죽음의 춤, 어둠의 춤이라 불린다.〔역주〕

시적 기능을 넘어서 주체화의 배열 장치들의 문제가 나타난다. 더욱 정확히 말하면, 주체화의 배열 장치들이 계열성——사르트르적인 의미[28]에서——에서 벗어나 자기-본질화라고도 부를 수 있는 존재로 돌아가는 특이화 과정에 들어가도록 하기 위해서는 그것들을 어떻게 특징지어야 하는가 하는 문제이다. 우리는 냉전의 적대가 사라지면서, 우리의 생산주의적인 사회가 인류에 가한 주요한 위협들이 더욱 현저하게 나타나고 있는 시대에 들어선다. 이 지구상에서 우리의 생존은 환경 파괴에 의해서뿐만 아니라, 말 그대로 재발명되어야 할 사회적 연대 조직과 정신적 생활 양식의 타락에 의해서도 위협받고 있다. 정치의 재구축은 환경·사회체·정신이라는 세 가지 생태학에 포함된 미학적이고 분석적인 차원들을 경유해야 할 것이다. 대기 오염이나 온실 효과에 의한 지구 온난화나 인구 안정화에 대한 해결책은 심성 변화나 새로운 사회적 삶의 방식을 촉진하지 않고는 생각할 수 없다. 세계의 기아 문제와 제3세계에서의 초인플레이션에 대해 해결하지 않고는 이 영역에서 국제적인 규율을 생각할 수 없다. 문화적 차이들을 존중하는 가운데 정치적·경제적 민주주의를 새롭게 사고하지 않고는, 그리고 복수적인 분자 혁명 없이는 주체성의 재특이화에 관련된 사회체의 집단적 재조성을 생각할 수 없다. 여성의 조건을 향상시키기 위한 상당한 노력 없이는

---

28) 사르트르는 《변증법적 이성 비판》의 '집합체'에 관한 장에서 자신이 계열적 존재라고 부른 것을 이론화한다. 어떤 한 계열의 성원들은 외부 대상을 향해 돌려질 때 통일된다. 그 외부 대상 속에서 그 성원들은 공통적인 기획을 갖지 않고 필연적으로 서로 의식하지 않으면서도 공통적인 이해를 갖는다.〔역주〕

인류의 생활 조건 개선을 바랄 수 없다. 노동 분업 전체, 노동의 가치 증식 양식, 그리고 노동의 합목적성들도 마찬가지로 재고돼야 한다. 생산을 위한 생산, 성장률에 대한 집착은 자본주의 시장이든 계획 경제든 엄청난 부조리를 가져온다. 인간 활동이 유일하게 받아들일 수 있는 합목적성은 세계와의 관계를 지속적인 방식으로 스스로 풍요롭게 해가는 주체성 생산이다. 주체성 생산의 배열 장치는 한 개인의 언어 게임 수준에서 만큼이나 거대 도시 수준에서도 존재할 수 있다. 그리고 이러한 주체성 생산의 내적인 동인들――실존의 자기 창안적인 의미의 이러한 절단들――을 알기 위해서, 오늘날 우리는 경제학 · 인문과학 그리고 정신분석을 합한 것 이상으로 시에서 배울 것이다!

현재의 사회 변혁은 우리가 동구 나라들에서 보듯이, 상대적으로 진보적인 주체성 변화에 의해서, 혹은 온건하게 보수적인 방식으로, 혹은 중동 나라들에서의 분명히 반동적인 정말 신파시스트적인 방식으로 대규모로 진행된다. 그리고 동시에 그러한 변화들은 정치적 행위에서, 분석적 치료에서, 이웃의 삶을 학교나 정신 치료 제도의 기능 양식을 변화시키기 위해 배열 장치를 설립하는 데서, 푸코의 의미에서, 미시 물리적인 분자적[29] 수준에서 발생할 수도 있다. 이 두 과정의 합세 효과는 구조주의적인 환원주의에서 벗어나 주체성이란 문제 설정을 다시 근거지을 것을 요구한다. 개인 이전의, 다성적인, 집단적이고 기계적인 부분적 주체성. 근본적으로 언표 행위 문제는 인간 개인화의 문제와 관련하여 탈중심화〔분산〕된다. 언표 행위는 비담론적인 강렬도[30]의 논리의 출현에 관련될 뿐만 아니라 마찬가지로 부분적 주체성의 이러한 벡터들의 정념적 포괄-혼합에도 관련된다. 그러므로 심리학적 모델화가 관습적으로 지닌 보편주의적인 주장들을 거부하는 것이 필요하다. (신화학적 혹은 종교적 모델화나 심지어는 체계적 몽상의 신화학적 모델화와 마찬가지로) 정신분석적 혹은 체계론적 이론들의 이른바 과학적 내용은 그들의 실존화하는 기능, 즉 주체성 생산에 의해서 본질적으로 가치가 주어진다. 이러한 조건에서 이론적 활동은 모델화 체계들의 다양성을 설명할 수 있는 메타 모델화로 방향을 돌린다. 특히 자본주의적 주체성(일반화된 등가의 주체성)의 구체적 지표를 대중 매체, **집단적 장비**, 그리고 정보 혁명의 지속적 발전이란 맥락 안에 위치시켜야 할 것이다. 그런데 그 자본주의적 주체성은 지구의 신

---

29) 가타리는 흐름분석과 사회분석에서 몰(mole)적/분자적(mol culaire) 이라는 개념쌍을 사용한다. 이 개념쌍은 변증법적인 것이라기보다는 움직임의 방향과 방식을 지칭하는 것이다. '몰(적)'이라는 것은 어떤 하나의 모델이나 특정 대상을 중심으로 모든 것을 집중해 가거나 모아 가는 것을 말하며, 자본이 모든 움직임을 이윤 메커니즘에 맞추어 초코드화하는 것을 몰적이라 할 수 있을 것이다. 운동에 있어서는 모든 움직임을 노동 운동이라는 단일 전선에 편제하여 다른 흐름들을 통제하는 것을 말하기도 한다. 물론 몰적인 방향을 무조건 나쁜 것으로 생각하는 것이 아니다. 단지 몰적인 방향은 생성을 가져오는 것이 아니며, 기존에 생성된 것을 특정하게 코드화할 뿐인 것이다. 이에 반해 '분자적'이라는 개념은 미세한 흐름을 통해 다른 것으로 되는 움직임(생성)을 지칭하는 것이다. 그러나 이러한 미세한 흐름은 반드시 작은 제도나 장치를 통해서만 이루어지는 것은 아니며, 사회 전반적인 규모에 걸쳐 있을 수도 있다. 따라서 미시 구조나 미시적 흐름에만 집중하는 것이 아니라 다양한 크기의 구조 및 제도 속에서 흐르는 미시적 흐름을 중요시한다. 이러한 개념을 제시하면서 가타리가 의도하는 것은 욕망의 흐름을 파악하려는 것이다. [역주]

30) intensité. 모든 현상은 고정된 것이 아니라 자체가 지닌 힘에 의해 다양한 방향으로 나아갈 수 있으며, 따라서 지금 있는 '어떤 것'은 항상 여러 방향으로 움직일 수 있는 내재적 리듬을 가지고 있다. 이러한 리듬은 다른 것과 접속하면서 새로운 것을 만들어 갈 수 있는 근거가 되는데, 이 리듬을 강렬도라고 한다. [역주]

비 가운데 가장 구석진 곳과 가장 작은 행동을 암울하게 〔회색빛으로〕 덮어 버리는 것 같다.

그래서 우리는 주체 문제를 주체성 문제로 중심 이동할 것을 제기한다. 전통적으로 주체는 개인화의 궁극적 본질로, 세계의 텅 빈 반성 이전의(pré-réflexive) 순수한 파악〔이해〕으로, 감각과 표현의 중심 핵으로, 의식 상태의 통합자로 인식되어 왔다. 주체성으로 우리는 오히려 지향성이라는 창안적 층위를 강조한다. 주체와 대상의 관계를 중간(中間)으로 대체하고, 표현 층위(혹은 퍼스 삼각형의 **해석체**[31])를 전면에 내세우는 것이 중요하다. 그리고 거기에서 **내용** 문제가 다시 제기된다. **내용**(Contenu)은 표현의 존재론적 질에 일관성을 부여함으로써 주체성에 참여한다. 바로 **내용**과 **표현**의 이러한 가역성 속에, 내가 실존화하는 기능이라고 부르는 것이 있다. 그러므로 우리는 **표현**과 **내용** 짝에 대하여 언표 행위적 실체(substance)가 우선한다는 것에서 시작할 것이다.

나는 내가 **표현/내용** 구분에 의거하면서 소쉬르가 불러일으킨 구조주의에 대한 타당한 대안을, 옐름슬레우[32]가 정식화하듯이 **표현**과 **내용** 사이의 가능한 가역성에 정확히 근거하는 대안을 발견하였다고 믿는다. 옐름슬레우를 넘어서 나는 **표현** 차원이든 **내용** 차원이든 표시하는 층위들의 복수성을 생각하자고 제안한

---

31) Pierce는 기호의 구조를 표상체 · 대상체 · 해석체의 삼원 구조로 설명한다. 표상체는 기호의 발생에서 직접적으로 지각될 수 있는 부분이며, 대상체는 표상체가 지시하는 대상물에 해당하고, 해석체는 기호 구조의 내부에서 대상체로 이끄는 해석 작용으로 볼 수 있다. 〔역주〕

다. 소쉬르의 기표(signifiant)/기의(signifié) 쌍을 여전히 반복하는 옐름슬레우의 **내용/표현** 대당 위에서 놀기보다는, 복수적인 **표현** 구성 요소들 혹은 **표현** 실체들을 동렬에, 다성성 속에 놓는 것이 중요하다. 옐름슬레우 자신이 한편으로 표현에 다른 한편으로 **내용**에 관련시키면서 소재·실체·형식 사이의 삼각 분할 속에서 실체 범주를 채용하였다는 점에 어려움이 있다. 옐름슬레우에게서 **표현**과 **내용** 간의 연계는 그가 서로 동일시한 **표현** 형식과 **내용** 형식 수준에서 실현된다. 이러한 공통적이고 서로 바뀌는 형식이 조금은 수수께끼 같지만, 내 생각에는 명석한 직관을 나타내며 **내용**과 **표현**의 모든 양태에 횡단적인 형식 기계의 실존이란 문제를 제기한다. 그러면 한편으로 언어에 고유한 표현의 음소적이고 통사적인 담론성 기계와 다른 한편으로 **내용**의 의미적 통일성들의 분할(예를 들어 색깔이나 동물 범주들을 분류하는 방식) 사이에 다리가, 횡단성이 있을 것이다. 나는 이러한 공통 형식을 탈영토화된 기계, 추상 기계라고 부른다. 기호적 추상 기계라는 관념은 새로운 것이 아니다. 즉 우리는 발화의 근저에 추상 기계가 실존한다고 가정하는 촘스키에게서 그 관념을 발견한다. 다만 이 개념, 이 **표현/내용** 대당, 그리고 촘스키적인 추상 기계 개념은 아직 언어에 너무 매여 있다. 우리로서는 **표현-내용**이란 단순한 언어학적 대당에서 벗어나, 사회체에 고유한 조직 형식들이나 생물학적 코드화들과 같은 무수히

---

32) Louis Hjelmslev, 《*Prolégomènes à une théorie du langage*》, Minuit, Paris, 1968(김용숙·김혜련 옮김, 《랑가쥬 이론 서설》, 동문선, 2000); 《*Le Langage*》, Minuit, Paris, 1969; 《*Essais linguistiques*》, Minuit, Paris, 1971; 《Nouveaux Essais》, P.U.F., Paris, 1985.

많은 **표현** 실체들을 언표 행위 배치에 통합할 수 있게 해주는 형식에 관한 확대된 기계적 관념의 폭 안에 기호학을 재설정하고 싶다. 이러한 관점에서 언표 행위적 실체의 문제는 마찬가지로 옐름슬레우의 소재-실체-형식이라는 삼각 분할(**표현** 및 **내용** 실체를 생산하기 위해 '그물처럼' 소재 위에 던져진 형식)의 틀에서 벗어나야 할 것이다. 기호학과 기호론 영역에서뿐만 아니라 가외-언어학적이고 비-인간적이고 생물학적이고 기술적이고 미학적인 등의 영역에서도 **표현** 실체 범주를 촉진하기 위해서 다각적으로 실체 개념을 부수는 것이 중요하다. 언표 행위 배치의 문제는 그러면 더 이상 기호적 등록기에 특정한 것이 아닐 것이며, 이질적인 표현 소재들 전체를 횡단할 것이다. 그러므로 한편으로 언어적일 수 있고, 다른 한편으로 옐름슬레우의 또 다른 표현을 사용하자면 '비-기호적으로 형성된 소재'에서 발전하는 기계적 질서일 수 있는 언표 행위 실체들 사이의 횡단성이 있다. 기계적 주체성, 기계적 주체화 배치는 이런 상이한 부분적 언표 행위들을 혼합하고, 말하자면 주체-대상 관계 이전에 그리고 그 관계 옆에 설치된다. 더욱이 기계적 주체성은 집합적 성격을 지니며, 다중-구성 요소적이고 기계적 복수성이다. 마지막으로 기계적 주체성은 무형적인 차원들을 포함하는데, 이 무형적 차원들은 기계적 주체성의 가장 문제적인 측면을 이루며, 말 그대로 노엄 촘스키가 중세적 **보편** 개념을 파악하려고 하면서 접근한 것이다.

언어학적인, 그리고 비-언어학적인 표현 실체들은 미리 형성된 유한한 세계(라캉의 거대한 **타자**(Autre)의 세계)에 속하는 담론적 연쇄들과 무한한 창조주의적인 가상성들(라캉적인 '수학소들'과는 아무 관계도 없는)을 지닌 무형적 등록기들의 교차점에 설립된다. 바로 이러한 상호 침투 지대에서 주체와 객체〔대상〕는 융합하여 자신들의 근거를 발견한다. 그것은 현상학자들이 지향성은 그 대상과 분리 불가능하며, 담론적인 주체—대상 관계의 '이전'에 속한다는 것을 증명할 때 말해 온 소여〔주어진 것〕에 관련된다. 심리학자들은 유아기와 정신병에서 감정 이입과 이행 과정(transitivisme)의 관계를 강조해 왔다. 라캉은 아직 현상학에 영향을 받고 있을 때 쓴 자신의 초기 저작들에서 이러한 형태의 현상이 지닌 중요성을 환기하였다. 일반적으로 정신분석은 우리가 암시·최면술, 그리고 히스테리에서 작동하는 것으로 보는 주체—대상의 이러한 융합 지점에서 생겨난다고 말할 수 있다. 그것은 프로이트적인 이론과 실천의 기원을 이루는 히스테리의 주체적 이행 과정을 독해하는 시도이다. 더욱이 레비브륄[33]·프리즈루스키[34] 등의 시대 이래 인류학자들은 고대 사회들에는 그들이 '참여'라고 부르는 것, 즉 어떤 대상 유형에 투영하며 집단의 실존적 핵심 지대의 위치에 있는 집단적 주체성이 실존한다고 증명하였다. 새로운 예술 형식들에 관한 연구에서 (들뢰즈의 영화에 관한 연구처럼) 우리는 예를 들면 주체성 생산의 씨앗을 이

---

33) Lucien Levy-Bruhl(1857-1939). 프랑스의 사회학자이자 인류학자. 《도덕과 풍습과학》(1903), 《원시 사회에서 정신의 기능》(1910), 《원시적 심성》(1922), 《원시적 신화학》(1935), 《원시인들에게서 신비한 경험과 상징》(1938) 등의 저서를 썼다. 그는 미개인과 근대인의 심적 상태가 근본적으로 다른 점을 논술하였다. 〔역주〕

34) Jean Przyluski. 19세기 초반에 인도와 중국에 관한 많은 연구를 남긴 인류학자로 Macdonald(A. W.)와 Lalou(M.)에 의해 전집(L'œvre de Jean Przyluski) 5권이 편집 출판되었다. 〔역주〕

루는 운동-이미지와 시간-이미지를 볼 것이다. 우리는 수동적인 재현 이미지 앞에 있는 것이 아니라 주체화의 벡터 앞에 있다. 우리는 실제로 비담론적인 정념적(pathique) 지식〔인식〕과 맞닥뜨리고 있다. 이러한 지식은 사람이 능동적으로 만나는 주체성으로, 전적으로 복잡하게 직접적으로 주어진 흡수하는 주체성으로 나타난다. 우리는 이러한 직관을 베르그송에게서 추적할 수 있다. 그는 비담론적인 지속 경험을 자신의 공간적 도식에 따라 현재·과거·미래로 나뉘어진 시간에 대립시킴으로써 그것을 밝힐 수 있었다. 주체-대상 관계 이전의 이러한 정념적 주체성은 에너지-공간-시간적인 좌표들을 통해서 언어 세계 속에서, 그리고 복수적인 매개들 속에서 계속 현실화된다는 것은 사실이다. 그러나 주체성 생산의 동력을 파악할 수 있는 것은 주체성 생산을 통해 주체-대상 관계의 근거에, 주체적인 준-매개 속에 설립되어 있는 준-담론성의, 담론 방향 전환의 생산을 통한 이해이다.

모든 주체화 양식의 뿌리에 있는 이러한 정념적 주체화는 자신을 체계적으로 방해하는 경향이 있는 자본주의적인 합리주의적 주체성 속에 가려진다. 과학은 어떤 담론적 연결고리들의 의미 작용 밖에 놓여 있을 때에만 **표현**에 이르는 이러한 주체화 요소들을 하나로 묶음으로써 구성된다. 프로이트주의는 비록 과학주의에 젖었지만 초기에는 이러한 정념적 차원들을 제약하려는 경향이 있던 실증주의적 환원주의에 대항한 반란으로 특징지어질 수 있다. 프로이트주의에서 징후·실수·농담은 자신의 일관성을 잃은 주체성 양식으로 하여금 '실존하는' 길을 찾게 해주는 분리된 대상들로 받아들여진다. 징후는 그 자신의 고유한 반복성을 통해서 실존적 리토르넬르처럼 기능한다. 여기서 역설은, 담론성의 작용 인자들이 본질적으로 자신에 근거할지라도 정념적 주체성은 담론성의 관계들에서 지속적으로 철수하는 경향이 있다는 점에 있다. 언표 행위 배치의 실존적 기능은 영토화된 실존적 **영토**와 탈영토화된 무형적 **세계**——우리가 개체-발생적이라고 묘사할 수 있는 두 가지 메타 심리학적 기능——사이에 양극화된 반복 체계, 즉 강렬한 주장 체계를 정립하기 위해 담론성의 연결고리들을 그렇게 사용하는 데 있다. 준거적인 가치 **세계**들은 자신들의 고유한 조직〔직조〕을 기계적 **계통**(Phylum)들 속에 접합된 **표현** 기계들에게 준다. 복합적 리토르넬르들은 재영토화의 단순한 리토르넬르를 넘어서 이러한 **세계**의 특이한 일관성을 굴절시킨다. (예를 들면 다른 맥락에서 수와 연산의 가능한 연관에 대한 파악이 수학적 이념형들의 근거를 펼쳐 보이듯이 온음계에 기반한 하모니적 공명들에 대한 정념적인 파악은 다성 음악의 일관성의 '근거'를 펼쳐 보인다.) 그러므로 언표 행위 배치에 그렇게 부여된 추상 기계적 일관성은 실존적 영토화의 부분적 수준들을 단계짓고 질서짓는 데에 있다. 더욱이 복합적 리토르넬르는 비담론적인 가상성 **세계**들과 담론성의 현실화된 등록기들 사이에 접촉 경계면(interface)으로서 기능한다. 그것은 리토르넬르의 가장 탈영토화된 측면, 즉 가장 영토화된 지층들을 통제하는 무형적인 가치 **세계**의 차원이다. 복합적 리토르넬르는 가능성의 장들, 가치상의 긴장들, 이질성, 타자성, 타자되기의 관계들을 발전시키는 탈영토화 운동을 통해서 통제를 행한다. 이러한 가치 **세계**들과 플라톤적인 **이상**들 사이의 차이는 전자는 고정적인 성격을 지니지 않는다는 것이다. 〔그 안에서〕

하나의 구성 요소는 자신을 다른 것들 위에서 확인할 수 있고, 애초의 준거적 형상과 지배적 가치 증식 양식을 수정할 수 있는 **세계**들의 성좌들이 문제이다. (예를 들어 우리는 **고대** 시기를 통해 독재적인 **국가** 기계, 글쓰기 기계, 종교 기계 등에 대해 금속 무기들에 근거한 군사 기계의 우선성을 확인할 수 있다.) 그러한 성좌(constellation)의 결정화는 역사적 담론성의 경로에서 '지나칠' 수 있지만, 집단적〔집합적〕 주체성의 무형적 기억에 대한 불가역적인 단절로서는 결코 지워질 수 없다. 그러므로 여기서 우리는 존재론적으로 구성된 보편사를 변화시키지 않은 채 횡단하는 **존재**(Être)라는 전망에서 완전히 벗어나 있다. 자연사와 인간사에 속하며, 동시에 천개의 탈주선에 의해 그것들을 피해 가는 특이한 무형적 성좌들이 있다. 수학적 **세계**들이 나타나는 순간부터 더 이상 그것들을 지지하는 추상 기계들이 언제 어느곳에나 존재하지는 않는 것처럼, 그리고 그것들이 스스로를 미래의 가능성들에 투사하지 않는 것처럼 행동할 수는 없다. 우리는 더 이상 다성 음악이 과거와 미래라는 시간의 계속을 위해 발명된 것이 아닌 것처럼 행동할 수는 없다. 이것이 일정한 가치론적 창조주의라는 전망 안에 위치하는 실존적 주체화의 이러한 기능이 지닌 존재론적 일관성의 첫번째 토대이다.

두번째 토대는 자신들의 자기 생산 및 특이성이라는 특징을 주체화의 핵심 지대에 부여하는 실존적 **영토**들의 현–존재(être-là)의 불가역성 속에 이러한 가치들이 구현되는 것이다. **흐름**과 기계적 **계통**의 영역을 지배하는 담론 집합체의 논리에서는 항상 주체극과 대상극 사이의 분리가 있다. 어떤 명제의 진리는 배제된 제3항의 원리에 대답한다. 각 대상은 '근거'와의 이항적 대립 관계 속에서 나타나기 때문이다. 반면에 정념적 논리에서는 한정할 수 있는 외생적 전지구적 준거가 없다. 대상 관계는 불안정해지고 주체화의 기능들은 의문시된다. 무형적 **세계**는 세계 속에 실려 있는 좌표들에 의거하지 않고, 세로 좌표들에, 좋든 싫든 이러한 실존적 **영토**들에 부착된 강렬한 정돈〔순서 매김〕에 의거한다. 동일한 움직임 속에서 사교 생활 전체를 포괄한다고 주장하지만 사실상 조롱하는 리토르넬르들에 근거할 뿐이며, 자신들의 공포(空胞, vacuité)는 아니지만 적어도 영도의 존재론적인 강렬도를 나타내는 **영토**들이다. 그러므로 결코 대상으로서 주어진 것이 아니라 항상 강렬한 반복으로, 예리한 실존적 긍정으로서 주어진 **영토**들이다. 그리고 반복하건대 이러한 작동은 기호 연쇄들의 차용을 통해 효과가 발휘되고, 기호 연쇄들의 의미 작용적이고 코드화하는 과업에서 이탈되고 분기된다. 여기서 표현 층위는 카오스적인 소재에서 복잡한 형식들을 추출하는 소재-형식 관계에 근거한다.

담론 집합체의 논리는 **자본**(Capital) · **기표**(Significant) · **존재**의 논리에서 일종의 절망적인 완성을 추구한다. **자본**은 노동과 재화의 일반화된 등가의 지시자〔지시 대상〕이다. **기표**는 기호학적 표현에 대한 자본주의적 지시자이고, 존재론적 다의성(polyvocité)의 거대한 환원자이다. 진실한 것, 좋은 것, 아름다운 것은 한정된 집합체의 논리를 피하는 과정을 '정상화하는' 범주들이다. 그 범주들은 공백을 창조하며, 표상 관계에서 초월성을 설치하는 텅 빈 지시자들이다. **자본** · **기표** · **존재**의 선택은 동일한 윤리 정치적 선택에 참여하는 것이다. **자본**은 모든 다른 가치 증식 양식을 지워 버린다. **기표**는 소수 언어들 및 부분적 표현들이 지닌 무한한 가상성을 침묵시킨다. **존재**는 그럼에도 불구하고 우리의 코 아래에서 증식하고 있는 가치 **세계**들의 풍부함과 다가성에 대해 알지 못하게 만드는 감금 장치와 같다. 가능한 것의 풍부함을 좋아해서 하는 윤리적 선택이, 즉 우연성, 선형적 인과성, 그리고 우리를 둘러싸고 있는 사태들과 의미 작용들의 무게를 탈무형화하고 탈영토화하는 가상적인 것의 윤리학 및 정치학이 있다. 과정성, 불가역성, 그리고 재특이화의 선택이 있다. 이러한 재전개는 포위 양식, 빈곤 양식, 더욱이 정신병으로의 파탄 양식에 소규모로 작용할 수 있다. 그것은 반동적인 종교적 준거들을 취할 수 있다. 그것은 알코올, 약물, 텔레비전, 끝없는 일상성 속에서 폐기될 수 있다. 그러나 그것은 또한 더욱 집단적이고, 더욱 사회적이고, 더욱 정치적인…… 다른 절차들을 취할 수도 있다.

　존재-현존재(Être-Étant)나 **주체-대상**(Sujet-Objet)이라는 이원론적 유형의 대당들과 마니교적인 이극적인 가치 증식 체계들을 문제삼기 위해서, 나는 존재론적 강렬도(intensité)라는 개념을 제안하였다. 그것은 현실적이고 가상적인 등록기들 양자에 대한 언표 행위 배치의 윤리-미학적 개입을 의미한다. 그러나 여기서 제시된 메타 모델화의 색다른 요소는 기계적 복수성들의 집합적 성격에 있다. 과학·예술·사회 속에는 더 이상 준거 **세계**들의 자기 폐쇄적인 전체화나 상이한 **표현** 구성 요소들의 인칭론적[35] 전체화는 전혀 없다. 주체화의 이질적 요소들의 혼합이 있다. 기계적 선분들은 탈전체화되고 탈영토화된 기계권을, 접촉 경계면의 무한한 유희를 가리킨다. 시간성을 통해 미리 설치된 **존재**는 없다. 이원적이고 이항적인 관계들(**존재-현존재** 혹은 **의식-무의식**)에 대한 이러한 문제 제기는 항상 자명한 것 같은 기호적 선형성의 성격에 대한 문제 제기를 의미한다. 정념적 표현은 대상을 분명하게 한정된 지시 대상에 기초하여 설정하기 위하여 담론적 계속 관계 속에 자리잡지는 않는다. 여기서 우리는 공-실존하는 등록기 속에, 강렬한 결정화의 등록기 속에 있다. 시간은 빈 용기로서 존재하지 않는다(아인슈타인의 생각의 근저에 있는 관념). 시간화 관계들은 본질적으로 기계적 공시성에 있다. 이러한 전개에 외적인 지시 대상의 구성 없이도 가치론적인 좌표들이 전개된다. 여기서 우리는 추상 기계적 복합체 안에 있는 대상과 대상의 표상적 매개 사이의 '확장하는' 선형성의 관계 앞에 있다.

언표 행위 배치의 무형적이고 가상적인 부분이 기호적 본질체들을 순수한 주체성의 부속물들로 만드는 유명론적인 '명목론적' 관점에 따라 '소리를 내고 있다'라고 말할 것인가, 아니면 그것이 단지 환상적인 인공물일 뿐인 주체성 안에, 즉 실재론적 세계 관념의 틀 안에 '무엇에 관련하여' 있다라고 말할 것인가? 그러나 아마도 이 두 가지 입장을 동시에 확인하는 것이 필요할 것이다. 기호 기계, 지시 대상, 언표 행위 주체의 구분에 앞서

---

35) personnologique. 나·너·그·우리·너희들·그들이라는 인칭대명사에 속하는 것으로 판정하고, 그 틀 속에 집어넣어 이해하려는 방식을 말한다. 사람(인칭)들의 역할에, 동일성의 역할에, 동일시의 역할을 강조함으로써 전형적인 인물이 연기하게 하고, 강렬도를 축소하며, 분자적 수준의 투여를 예를 들어 오이디푸스 삼각형에 한정한다. [역주]

설립되어 있는 가상적 강렬도들의 영역을 말하는 것이 필요할 것이다. 기계적 선분들이 자기 생산적이고 개체 발생적이라는 것을 알지 못함으로써 사람들은 끊임없이 **기표**로, 과학적 합리성으로 보편주의적인 환원들을 해나간다. 기계적 접촉 경계면들은 이질발생적이다. 기계적 접촉 경계면들은 우리가 그것들에 대해 가지는, 그리고 결과적으로 이러저러한 방식으로 그들의 자기 생산적 핵심 지대의 근본적으로 접근할 수 없는 성격에 대해 우리에게 설명해 주는 메타 모델화 체계들에 대해 우리가 지니는 관점들의 타자성을 불러내기 때문이다. 여기서 우리는 기술〔테크놀로지〕적 기계들에 대한 유일한 준거에서 벗어날 필요가 있으며, 무형적인 준거 **세계**들에 대한 기계의 이러한 인접성을 설정하기 위해서 기계 개념을 확장할 필요가 있다. 여기서 제기된 메타 모델화의 범주들――**흐름**들, 기계적 **계통**들, 실존적 **영토**들, 무형적 **세계**들――은 그것들이 네 가지가 되어 항상 이원론으로 빠지는 것으로 끝나는 세번째 묘사에서 벗어나게 해주기 때문에 관심이 있을 뿐이라는 것을 지적해 두자. 네번째 용어는 n번째 용어를 나타낸다. 즉 그것은 복수성으로의 개방이다. 메타 모델화를 모델화와 구분하는 것은 메타 모델화가 가상성과 창조적인 과정성으로 열릴 수 있는 용어를 사용한다는 것이다.

2

기계적 이질발생[1]

통상적인 용법으로 우리는 기계를 기술(technique)의 하위-집합이라고 말한다. 그러나 우리는 기술이라는 문제 설정이 기계라는 문제 설정에 의존하고 있다고 생각해야지, 그 반대라고 생각해서는 안 된다. 기계는 기술의 표현이기보다는 기술에 앞서는 것이 될 것이다. 기계 현상(machinisme)〔기계 체계〕은 매혹의 대상, 때로는 정신착란〔망상〕의 대상이다. 매혹과 기계 현상에 관해서는 온갖 역사적 '동물 우화〔그림〕집'이 있다. 철학이 탄생한 이래로 인간과 기계의 관계는 질문의 대상이다. 아리스토텔레스는 테크네(techné)〔'기술'을 뜻하는 그리스어〕는 자연이 이룩할 수 없는 것을 창조하는 사명을 지니고 있다고 생각했다. 테크네는 '행위'가 아닌 '지식'의 차원에 속하므로 아리스토텔레스는 자연과 인간 사이에 일종의 창조적 매개물을 삽입한다. 그런데 이 창조적 매개물이 지닌 중재라는 지위는 영원히 모호함을 불러일으킨다. 기계에 관한 '기계학적(mécaniste)'[2] 관념들은 부품별(partes extra partes) 단순한 구성물을 피할 수 있게 해주는 모

---

1) hétérogenèse(↔homogénéisé: 동질발생). 지속적으로 다른 것으로 되어가는 과정을 말한다. 그에 반해 동일한 것을 만들어 내는 과정을 동질발생이라고 한다.〔역주〕

든 것들을 기계에서 제거해 버린다. [기계에 관한] '생기론적(vi-taliste)' 관념들은 살아 있는 존재들이 기계에 동화되지 않는 한에서 기계를 살아있는 존재들에 동화시킨다. 노베르트 위너[3]가 발전시킨 [기계에 관한] '사이버네틱' 관점은 살아 있는 체계들을 반작용 원리를 갖춘 특수한 기계들로 본다. 보다 최근의 [기계에 관한] '체계론적' 관념들(움베르토 마투라나와 프란시스코 바렐라)은 살아 있는 기계들에 한정하면서 자기 생산 개념을 발전시켰다.[4] 하이데거에 따르면, 철학적 양식은 '정확한 것을 통해 진실한 것을 추구해' 가는 '진리 폭로'라는 임무를——근대 기술에 대립하는——테크네에 맡긴다. 이렇게 해서 철학적 양식은 테크네를 존재론적 받침돌——**근거**——에 고정시키고, 과

---

2) 가타리는 기계(machine) 개념을 라캉의 구조 개념에 대해 공격하면서 제시한다. 모든 주체적 움직임을 틀짓는 구조 개념에 대항하여, 가타리는 이른바 '구조'라고 하는 것은 사실상 다양한 부품들이 조립되어서 작동하는 것이라고 보았다. 또한 흔히 정신적인 것이라고 하는 것이나 무의식 등도 특정한 모델에 묶인 채 움직이는 것이 아니라, 다양한 방향에서 다양한 다른 것과 접속하면서 움직인다(작동한다)고 생각한다. 가타리가 말하는 기계는 '작동(operation)'을 강조하는 것이고, 가타리는 결정론적인 의미의 기계학(méca-niqe, mécanisme)과는 달리 이러한 기계적 작동을 강조하기 위해 기계론(ma-chinisme, machine)을 내세운다. 기계론은 기계들의 접속에 초점을 맞추고, 그래서 기계들이 서로 밀어내고 선택하고 배제하는 새로운 가능성의 선을 출현시키지만, 기계학은 상대적으로 자기 폐쇄적이고 외부 흐름과 단절된 코드화된 관계만을 지닌다. [역주]

3) Norbert Wiener, 《Cybernétique et Société》(《Cybernetics, or, Control and communication in the animal and the machine》, Technology Press, Cambridge, Mass., 1948).

4) 한글 번역본으로는 움베르토 마투라나(Humberto Maturana)·프란시스코 바렐라 지음, 최호영 옮김, 《인식의 나무》, 자작아카데미, 1995를 참조. '생물을 특징짓는 것은 끊임없이 자기 자신을 만들어 낸다는 데 있다'(52쪽)라는 견해에 입각하여 생물을 정의하는 조직을 자기 생산 조직이라고 한다. [역주]

정적 개방이라는 자신의 특성을 위태롭게 한다.

이러한 입장들을 통해 우리는 존재론적 강렬도의 다양한 문턱을 식별하고, 기계 현상을 총체적으로, 즉 기술적이고 사회적이고 기호적이며 가치론적인 부침 속에서 조망하려고 시도할 것이다. 그리고 이러한 시도는 기술적 기계를 훨씬 넘어서는 기계 개념을 재구축하는 것을 포함할 것이다. 각각의 기계 유형에 대해서 우리는 기계의 생명적 자율성(자립성)에 대해서가 아니라 ——기계는 동물이 아니다—— 기계가 지닌 언표 행위의 특이한 힘(pouvoir) (이것은 내가 기계의 특유한 언표적 일관성이라고 부르는 것이다)에 대해 질문을 제기할 것이다. 우리가 생각하고 있는 첫번째 기계 형태는 물질적 배열 장치의 형태이다. 이 물질적 배열 장치들은 사람의 손으로 만들어지며——그 자체 다른 기계에 의해 대체되며——, 생산 목표에 부합하는 구상들 및 계획들에 따라 만들어진다. 이러한 상이한 단계들을 나는 최종 완성된 도표적 도식들이라고 부를 것이다.

그러나 이미 이러한 몽타주(montage)와 최종 완성 작업들은 기계가 지닌 한계들을, 엄밀한 의미에서 기계가 사람을 결합시키는 기능적 집합체로까지 확장할 필요성을 부과한다. 우리는 이것이 다음과 같은 다수의 구성 요소들을 고려하는 것을 의미한다는 사실을 알게 될 것이다.

— 물질적이고 에너지적인 구성 요소.

— 도표적이고 연산적인 기호적 구성 요소(기계의 제작에 이르게 되는 계획, 공식, 방정식, 계산식).

— 인간 신체가 지닌 기관, 신경 충동(감응력), 기질이란 구성 요소.

— 개별적이고 집단적인 정신적 표상 및 정보.

— 이러한 구성 요소들에 인접한 주체성을 생산하는 욕망하는 기계들의 투여.

— 앞서 고려했던 물질적 · 인식적 · 정서적 · 사회적 기계 수준들을 가로질러 설립되는 추상 기계들.

우리가 추상 기계에 대해 말할 때, '추상' 이란 추출한다는 의미에서 '추출' 이라고도 이해할 수 있다. 추상 기계들은 자신들이 횡단하기도 하고, 우리가 이제 막 열거했던 모든 이질적(hétéro-gène) 수준[구성 요소]들을 쉽게 관련지을 수 있는 몽타주들이다. 추상 기계는 이질적 수준들을 횡단하며, 바로 이러한 추상 기계가 이러한 수준들에 실존 · 유효성 · 존재론적 자기 긍정의 역능을 부여하거나 부여하지 않을 것이다. 서로 다른 구성 요소들이 일종의 역동성 속에서 얽히고 개조된다. 그렇게 기능하는 집합체를 이제부터는 기계적 배치(agencement)라고 규정할 것이다. 배치라는 용어는 그 구성 요소들간의 어떠한 연결 · 이행, 혹은 접합 개념도 포함하지 않는다. 그것은 어떠한 속(屬) 혹은 종(種) 관계를 생각지 않는, 구성된 요소들만큼이나 가능성들과 가상적인 것들의 장의 배치이다. 이러한 틀에서 기구들, 도구들, 가장 단순한 연장들, 어떤 기계 장치를 구성하고 있는 가장 작은 조각들은 원형(原型)-기계의 지위를 획득한다.

예를 들어 보자. 만약 우리가 손잡이를 떼어내 망치를 분해한다 하더라도, 그것은 여전히 '손상된' 상태의 망치이다. 망치의 '머리' ——또 다른 동물 형태의 비유——는 녹여서 줄일 수 있다. 그리고 그것은 형식적 일관성의 문턱을 넘으면 자신의 형식을 잃게 될 것이다. 이러한 기계적 전체상(gestalt)은 망치와 낫

[소련 국기]에 대한 지난 기억을 불러일으킬지라도 더욱이 상상적 수준에 만큼이나 테크놀로지적 구도에도 작동한다. 우리는 단지 매끄러움으로 되돌아간, 즉 기계적 형식에 빠지기 전의 탈영토화로 되돌아간 금속 덩어리 앞에 있다. 데카르트적인 밀랍 조각에 비교할 수 있는 이러한 유형의 경험을 넘어서기 위해, 반대로 망치와 팔을 결합시키고, 못과 모루를 결합시켜 보자. 그것들은 자신들 사이에서 통사적 연쇄 관계들을 유지한다. 그리고 그것들의 '집단 무용'은 예전의 대장장이들의 길드, 불길한 고대 철광 시대, 고대의 금속테 바퀴 사용법……을 살려낼 수 있을 것이다. 르루아 구르앙[5]은 기술적 대상은 자신이 속해 있는 기술적 집합체를 벗어나서는 존재하지 않는다고 강조했다. 다른 로봇들에 의해 곧 생겨나게 될 로봇들과 같은 그런 정교화된 기계들에 대해서도 마찬가지이다. 인간 행위는 자신의 개입, 즉 직접 행동이라는 이러한 잔해를 필요로 하게 될 고장을 기다리고 있는 로봇들의 행위 양식과 인접해 있다. 그러나 이러한 모든 것은 부분적인 견해에, 즉 지난 [공상]과학 소설 시기에 대한 특정한 취향에 속하지 않을까? 이상하게도, 더욱더 생명을 획득해 가기 위해 기계들은 반대로 더욱더 추상적인 인간의 생명력(vitalité)을 요구한다. 그리고 이 생명력은 기계들의 오랜 진화 경로를 통해 발생해 왔다. 컴퓨터, 전문가 시스템, 그리고 인공지능에 의한 관념은 그것들이 사고[생각된 것, penseé]로부터 빼낸 만큼 생각하는 데 덧붙인다. 그것들은 사고를 무기력한 도식

---

5) Leroi-Gourhan(1911-). 《환경과 기술 *Milieu et Technique*》이란 책을 썼다. [역주]

에서 벗어나게 해준다. 컴퓨터의 도움을 받는 사고 형식들은 색다른 음악, 색다른 준거 세계와 관련하여 변화한다.[6]

따라서 기계 현상의 본질인 인간의 사고에 관심을 두지 않을 수 없다. 그러나 이러한 사고가 어느 정도까지 인간적이라고 규정될 수 있을까? 기술과학적 사고는 특정한 유형의 정신적이고 기호적인 기계 현상에 속하지 않을까? 여기서 필요한 것은 한편으로는 기계 주위에서 일하는 사람들의 '인간적' 언표 행위와 같은 의미 작용을 생산하는 기호학(sémiologie)——사회 집단의 공통된 흐름——과, 다른 한편으로는 자신들이 지닌 의미 작용들의 양과는 관계없이 '비인간적'이라고 규정할 수 있는 표현 형상들(기계를 언표하고 기계로 하여금 기술적이고 실험적인 배열 장치들에 대해 도표적 작용을 하도록 하는 등식들 및 구도들)을 다루는 비기표적 기호론(sémiotique) 간의 구별이다. 의미 작용의 기호학은 언표들을 기표적 표현 소재들 속에 전사(轉寫)하는 음성적 혹은 문자적 차원의 뚜렷한 대립 폭 위에서 움직인다. 구조주의자들은 **기표**를 모든 표현적 직조들, 즉 언어·도상〔아이콘〕·몸짓·도시 계획·영화 등을 통합하는 하나의 범주로 확립하는 데 만족해 왔다. 그들은 모든 담론 형식들에 대한 기표적인 일반적 번역 가능성을 가정하였다. 그러나 그러면서 그들은 기계적 자기 생산의 본질적인 차원을 오해하지는 않았을까? 감각 및 효과들의 이러한 지속적인 출현은 모방의 잉여성과 관련

---

6) 다음을 참조. Pierre Lévy, 《Les Technologies de l'intelligence》, Paris, La Découverte, 1990; 정보 및 소통과학들에서의 연구를 지배하는 자격 부여에 대한 연구인 《Plissé fractal, Idéographie dynamique》와 《L'Idéographie dynamique》, Paris, La Découverte, 1991.

된 것이 아니라, 오히려 비록 무한히 재생산할 수 있지만 특이한 감각 효과를 생산하는 것과 관련된다.

기계의 이런 자기 생산적인 핵(noyau)은 기계를 구조로부터 떼어내 구별하고 기계에 가치를 부여하는 것이다. 구조는 반작용 고리를 의미하며, 자기 자신에 입각하여 지배하는 전체화 개념을 작동시킨다. 구조는 투입과 산출에 의해 점유되는데, 투입과 산출은 영원 회귀의 원리에 따라 구조가 작동하도록 만드는 사명을 지닌다. 영원성에 대한 욕망이 구조에 붙어 있다. 반대로 폐지에 대한 욕망이 기계를 만들어 낸다. 기계의 출현은 고장, 파국, 죽음의 위협과 함께 겹쳐진다. 기계는 하나의 보완적 차원, 즉 기계가 상이한 형태 아래 발전시키는 타자성(altérité)의 차원을 지닌다. 이 타자성은 기계를 동형성(同形性)의 원리에 근거한 구조와 구별한다. 기계적 자기 생산이 가져오는 그 차이는 불균형에, 즉 균형과는 거리가 먼 가상 **세계**들에 대한 전망에 근거한다. 그리고 형식적 균형의 절단뿐만 아니라 철저한 존재론적 재전환이 중요하다. 기계는 그 자체로 존재할 수 있기 위해 항상 외적 요소들에 의존한다. 그것은 꼭 기계를 조립하고 작동시키고 파괴하는 인간과의 상보성을 의미할 뿐만 아니라, 그 자체 여타의 가상적이거나 현실적인 기계들(**비인간적** 언표 행위, 원형-주체적 도표)과의 타자성 관계 속에 있다.

이 존재론적 재전환은 **기표** 개념이 지닌 총체화하는 범위[영향력]를 탈구시킨다. 왜냐하면 우리를 분자화학의 **세계**에서 생물화학의 **세계**로, 혹은 어쿠스틱한 세계에서 다성 음악과 화성 음악의 세계로 나아가게 만드는 존재론적 지시 대상의 다양한 돌연변이들을 작동시키는 동일한 기표적 본질체들은 없기 때문이다. 물론 통사화할 수 있고 계열체화할 수 있는 분리되고 이항적인 형상들로 구성된 기표적 판독〔해독〕선들은 가끔 한 **세계**에서 다른 **세계**로 교차된다. 그리고 우리는 동일한 기표적 골조〔틀〕가 이 영역들 전체에 머물고 있다는 환상을 가질 수 있다. 하지만 우리가 이 준거 **세계**들의 바로 그 직조〔구조〕를 고려할 때는 전혀 다르다. 준거 **세계**들에는 매번 특이성이라는 표지가 찍힌다. 어쿠스틱에서 다성 음악으로 가면서, 표현적 강렬도의 성좌들은 달라진다. 그 성좌들은 특정한 감정적 관계에 속하며, 환원할 수 없게 이질적인 존재론적 일관성을 수반한다. 따라서 우리는 표현 소재의 특징만큼이나 많은 탈영토화 형태들을 발견한다. 탈영토화 형태들 위로 쑥 튀어나와 있는 기표적 분절은 ──중화〔약화〕된 무관심 속에서──그 자신을 기계적 강렬도에 대한, 즉 이런 비담론적이고 자기 언표적이고 자기 가치 증식적인 자기 생산적 핵에 대한 내재적 관계로 부과할 수 없다. 기표적 분절은 탈영토화 절차의 어떠한 일반 통사론에도 따르지 않는다. 존재-현존재, 존재-무, 존재-타자라는 어떠한 쌍도 존재론적 이진수(二進數)의 지위를 지닐 수 없다. 기계적 명제들은 일상적인 담론 게임들에서, 에너지·시간·공간의 구조적 좌표에서 벗어난다.

하지만 그럼에도 불구하고 역시 존재론적 횡단성이 그 〔기계적 명제들〕 속에 존재한다. 소립자적-우주적 수준에서 발생한 것은 인간 정신이나 사회체 속의 사건들과 관계가 없지 않다. 하지만 플라톤적 유형의 보편적 조화들에 따라서가 아니다('소피스트'[7]). 탈영토화하는 강렬도의 조성은 추상 기계들 속에 구현된다. 우리는 기술적 기계 속에, 그리고 마찬가지로 이 기계와 연결된 사회적이고 인지적인 환경 속에 구현될 기계적 본질이 있다고 생각해야 한다. 사회 집합체(집단)들 또한 기계들이고, 신체는 기계이며, 과학적이고 이론적이며 정보적인 기계들이 있다. 추상 기계는 이러한 모든 이질적 구성 요소들을 관통하지만, 무엇보다도 통합하는 모든 특징을 벗어나서 불가역성·특이성·필연성의 원칙에 따라 그 구성 요소들을 이질화시킨다. 이런 점에서 라캉의 기표는 이중의 결핍에 부딪친다. 즉 라캉의 기표는 이질적인 표현 소재들을 쉽게 번역할 수 있게 하고 존재론적 이질발생을 결여하고 있으며, 존재의 다양한 지역을 근거 없이 단일화하고 통사화한다는 점에서 지나치게 추상적이다. 그리고 동시에 우리가 지금 다루어야 할 자기 생산적인 기계적 핵들이 지닌 특유성을 설명할 수 없기 때문에 충분히 추상적이지는 않다.

바렐라는 기계를 '그 구성 요소들 자체와 관계 없이 구성 요소들간의 상호 작용들의 집합체'[8]로 특징짓는다. 따라서 기계의

---

7) BC 5세기 무렵부터 BC 4세기에 걸쳐 그리스에서 활약한 지식인들을 말한다. 소피스트란 원래 '현인(賢人)' 또는 '지자(知者)'를 의미하였다. 소피스트들은 거의가 지방 출신 학자들로, 각기 자부하는 지식과 기술을 갖고 있어 개인이나 국가에서 돈을 받고 그것을 제공하였다. 플라톤은 그들을 궤변으로 사람을 속이고 명성과 재화만 추구했던 추악한 지식 상인이라고 비난하였다. 이후 '소피스트'란 말은 '궤변을 일삼는 무리'를 의미하게 되었고, 궤변학파라고도 불리었다. 그러나 소피스트들은 그리스 민주주의 절정기의 사상적 대변자였으며, 이성적 논변의 힘에 대한 신뢰에 기초해 전통적 견해의 상투성을 비판하고 새로운 사상적 기반을 모색했다는 주장이 제기되고 있다. 조지 커퍼드, 김남두 옮김, 《소피스트 운동》, 아카넷, 2003.(역주)

조직화는 기계의 물질성과 관련이 없다. 그는 두 가지 유형의 기계를, 즉 자신 이외의 것을 생산하는 '타자 생산(allopoïétique)' 기계와 자신의 고유한 조직과 한계를 계속 만들어 내고 구체화하는 '자기 생산(autopoïétique)' 기계를 구분한다. 자기 생산 기계는 계속적으로 보완해야 할 외부적 혼란들에 복종하지 않기 때문에 자신의 구성 요소들의 교체라는 끊임없는 과정을 수행한다. 사실상 바렐라는 자기 생산의 조건〔자격〕을 생물학적 영역에 한정한다. 즉 사회 체계, 기술 기계, 결정 체계 등은 배제된다. 이는 그가 타자 생산과 자기 생산을 구분한 의미이다. 그러나 투입/산출 관계를 피하며 개별화되고 통일적인 자율적 본질체를 독특하게 규정하는 자기 생산은 살아 있는 유기체들이 유전적 계통을 통해 태어나고 살아가고 죽는다는 사실처럼 살아 있는 유기체에 대한 본질적인 특성들을 결여하고 있다. 자기 생산은 스스로에 집요하게 폐쇄되어 있는 존재라기보다는 다양한 타자 관계 형태들을 유지하는 진화적이고 집합적인 본질체로 기능한다는 점에서 재고될 만한 가치가 있다. 그런 경우에 기술 기계들로서의 제도는 타자 생산의 외양을 띠고 나타난다. 그러나 우리가 기술 기계로서의 제도들을 인간 존재들과 함께 그것들이 구성하는 기계적 배치의 틀에서 고려할 때, 그것들은 사실상 자기 생산적이게 된다. 따라서 우리는 자기 생산을 생명권(biosphère)에 겹쳐 있는 기계권(mécanosphère)에 고유한 개체발생과 계통발생의 각도에서 바라볼 것이다.

　기계 체계의 계통발생적 진화는 우선 기계들이 '세대'에 의해

---

8) Varela, 앞의 책.

표상되며 쓸모없게 되면 서로를 억압한다는 사실로 표현된다. 이전 세대의 가계(家系)는 가상성의 선들과 그것들의 수목적인 암시에 의해 미래로 연장된다. 그러나 거기서 일의적인 역사적 인과성이 문제가 아니다. 진화선들은 리좀으로 나타난다. 날짜를 매기는 것은 공시적인 것이 아니라 이시적(異時的)이다. 예를 들면 증기 기관의 산업적 '출발'은 중국에서 그것을 아이들 장난감으로 사용했던 수 세기 이후에 일어났다. 사실상 이러한 진화적 리좀은 기술 문명을 일괄하여 횡단한다. 테크놀로지 혁신은 장기간의 경기 침체나 경기 후퇴를 인식할 수 있지만, 이후 시기(미래)로 되돌아가지 않는 경우는 거의 없다. 이는 특히 군사 기술 혁신에서 분명하다. 즉 군사 기술 혁신은 자주 새로운 지정학적 지형을 만들기 위해 제국을 쓸어 버리며 불가역적인 낙인을 찍는 오랜 역사적 연속성을 중단시킨다. 하지만, 그래도 나는 거듭 말하건대 이는 이러한 계통 발생을 벗어나지 않는 기구들, 도구들, 그리고 연장들에 대해서도 사실이었다. 예를 들면 우리는 석기 시대 이래로 망치의 진화와, 망치의 진화가 이루어지게 된 정황을 새로운 물질과 테크놀로지의 맥락 속에서 밝힐 수 있었다. 오늘날 우리가 슈퍼마켓에서 구입하는 망치는, 말하자면 무한하고 가상적으로 연장되는 계통발생선 위에서 '미리 만들어져' 있었다.

급진적 혁신들과 이제는 잊혀졌지만 예전에 재활성화된 고대적 기계 현상의 지표들을 지니는 이질적 기계적 **세계**들의, 상이한 차원들의, 그리고 낯선 존재론적 직조들의 교차점에서 **역사**의 운동은 특이화(구체화)된다. 다른 구성 요소들 중에서 신석기 기계는 구어 기계, 타제 석기 기계, 곡물 선택에 기반한 농경 기계, 그리고 촌락 원형-경제를 결합시킨다. 문자 기계는 오직 고대 제국들의 식민과 관련한 거대 도시 기계들(루이스 멈퍼드[9])의 탄생과 함께 등장할 것이다. 이것과 나란히 거대한 유목 기계는 야금술 기계와 새로운 전쟁 기계 간의 결탁에서 구성되었다. 거대한 자본주의 기계에 관해서 보면 자본주의 기계가 지닌 기층적인 기계 현상들, 즉 도시적이고 더욱이 왕족의 **국가** 기계, 상업 및 금융 기계, 항해 기계, 유일신적 종교 기계, 탈영토화된 음악적이고 조형적인 기계, 과학적이고 기술적인 기계 등은 늘어났다.

개체발생적 수준에서 기계의 재생산 가능성 문제는 더욱 복잡하다. 기계의 작동 상태를 유지하는 것, 기계의 기능적 정체성은 결코 보증되지 않는다. 마모, 불안정성, 고장 및 엔트로피는 기계의 물질적·에너지적·정보적 구성 요소들의 갱신을 요구하며, 이 구성 요소들은 '소란'에 빠질 수 있다. 동시에 기계적 배치의 일관성을 유지하는 것은, 그것을 구성하고 있는 인간 행위

---

9) Lewis Mumford(1895-1990). 미국 롱아일랜드에서 태어나 스코틀랜드의 지역생태학자였던 Geddes, 그리고 영국 신도시 계획의 아버지 Howard의 도시관에 심취하면서 근린생활권, 신도시 개념을 옹호하게 된다. Howard까지 거슬러 올라가는 '계획적 근린생활권' 개념에 Clarence Arthur Perry가 명시적으로 정의를 내렸다면, 뒤를 이어서 Mumford와 건축가 Le Corbusier, Frank Lloyd Wright 등은 이를 이론과 실천으로서 일반화시켰다고 볼 수 있다. 특히 Mumford는 지역 사회 정신을 촉진시키고, '소규모 생활 단위에서 민주주의의 의식적 실천'을 주도하는 단위로 근린생활권 개념을 잡았다. 즉 그의 근린생활권 단위는 사회적 장벽을 없애고, 대도시 사회에서 개개인에게 의미 있는 역할을 제공하는 것이다. Mumford는 또한 Stein, Perry와 함께 근린생활권 단위의 적정 규모를 제창하였는데, 그의 이상적인 근린생활권 단위 규모는 5천 명으로 지역 사회 중심 시설인 학교와 도보권 내 공동체 센터(community center)가 중심이 된다.〔역주〕

및 지능의 일부를 역시 갱신할 것을 요구한다. 따라서 인간-기계 타자성은 상보적인 관계들이나 (전쟁 기계들간의) 투쟁적인 관계들 속에서, 혹은 더욱이 부품들이나 배열 장치들의 관계 속에서 작동하는 기계-기계 타자성과 복잡하게 연결되어 있다. 실제로 기계가 마모되고, 사고가 나고, 사라지고, 새로운 샘플이나 모델로 부활하는 것은 기계의 운명에 속하며, 어떤 미학적 기계들(세자르[10]의 '압축,' 잔 탱글리[11]의 '메타기계학,' 해프닝 기계, 정신착란 기계)에서는 기계의 첫번째 본질로 통할 수 있다. 기계의 재생산 가능성은 순전히 프로그램화된 반복이 아니다. 하나의 모델을 모든 지지물로부터 떼어내는, 단절과 미분화의 구분은 개체발생적인 차이와 계통발생적인 차이를 기계들에게 가져온다. 바로 도표적 상태, 비구현된 추상 기계로의 이러한 이

---

10) Baldaccini César(1921-). 프랑스의 조각가. 1960년대에 증기 망치로 자동차를 '압축'하여 작품을 만듦으로써 소재의 표현적 가능성과 조형적 특질을 보여 주려고 했다. 1967년에는 반대로 폴리우레탄 소재로 '팽창(expan-sion)' 방식을 시도하기도 하였다. 〔역주〕

11) Jean Tinguely(1925-1991). 스위스의 조각가. 바젤의 미술 학교에서 배운 뒤, 1953년 파리에 나와 모터로 움직이는 철선 조각, 금속 양각 등을 시도하였다. 1954-55년의 이러한 메타기계학(Métamécaniques) 이후 1957년에는 대량으로 빠르게 작품을 만들 수 있는 자동 데생 기계를 만들었다. 이 메타매틱(Méta Matics) 시리즈에 이어, 폐물 기계를 짜맞추어 소음을 내면서 움직이다가 자동 폭발하는 조각(자동 폭발 기계)을 만들었다. 이 시기에 그는 신리얼리즘 운동에 동참하였고, 자신의 작품들을 일시적인(단명하는) 광경(해프닝 기계 machine-happening)으로 여기는 경향이 있었다. 그는 예술 양식에 대해서 문제를 제기하였고, 다다의 정신을 지니고 나아갔다. 동시에 기술 문명에 대해 조롱하는 듯한 비판이기도 한 그의 '정신착란 기계(Machinines déliran-tes)'는 충격적인 운동을 만들어 내려는 목적을 지닌 매우 신비한 것들로 나아갔다. 다양한 요소들의 결합에서 전개되는 이러한 환상은 전통적인 예술 양식을 거부하는 형식적 가능성과 표현력을 드러내 주었다. 〔역주〕

행 국면에서 바로 기계적 핵인 '정신의 보충물'은 단순한 물질적 혼합물과 구별된다. 돌더미는 기계가 아닌데 반해 벽은 이미 가상적인 양극성들, 즉 안과 밖, 위와 아래, 오른쪽과 왼쪽을 보여주는 정적인 원형-기계이다. 이러한 도표적 가상성들은 바렐라가 기계적 자기 생산을 투입도 산출도 없이 단일한 개별화로 특징짓는 것에서 벗어나도록 해준다. 도표적 가상성들은 우리들을 제한된 통일성이 없는 더욱 집합적인 기계 현상으로 향하게 만드는데, 이 집합적 기계 현상의 자율성은 타자성의 다양한 지지물들에 순응한다. 기술적 기계의 재생산 가능성은 살아 있는 존재의 재생산 가능성과 달리, 영토화된 게놈에 완전히 둘러싸인 연속적인 코드화에 기반하지 않는다. 명백히 모든 기술적 기계는 자신의 고유한 구상 및 몽타주 구도들을 지닌다. 그러나 한편으로 이러한 구도들은 기계와 자신의 거리를 유지하며, 다른 한편으로 전지구적으로 기계권을 뒤덮는 경향을 지닌 도표적 리좀을 구성하는 식으로 하나의 기계에서 또 다른 기계로 이동한다. 테크놀로지 기계들의 자신들 사이의 관계, 그리고 테크놀로지 기계들 각각의 부품들의 조립은 에너지-공간-시간적인 좌표들에서 볼 수 있는 기계와 더욱더 탈영토화된 좌표들에서 발전하는 도표적 기계간의 거리와 관련된 기술적 기계의 형식적 계열화를, 그리고 그 기계들의——살아 있는 기계의 특이성보다도 더 강한——특이성의 일정한 파괴를 전제한다.

이러한 탈영토화하는 거리와 이러한 특이성 상실은 기술적 기계를 구성하는 소재들의 강화된 매끄러움과 관련될 필요가 있다. 물론 이러한 소재들에 포함된 특이한 거친 면들이 결코 완전히 없어질 수는 없지만, 자신의 도표적 기능에 의해 요구될 경우에 이러한 소재들은 기계의 '작용'에 개입해야 한다. 외관상 단순한 기계적 배열 장치——자물쇠와 열쇠에 의해 구성된 한 쌍——에 입각해서 기계적 분리와 매끄러움이라는 이러한 두 가지 측면을 살펴보자. 이질적인 존재론적 직조들을 지닌 다음과 같은 두 가지 유형의 형식이 여기서 작동한다. 1) 특이성이 스스로에 폐쇄되어 있는 물질화되고 우연적이며, 굳어지고 분리된 형식들은 자물쇠라는 형상 Fs와 열쇠라는 형상 Fc에 의해 각각 구현된다. Fs와 Fc는 전혀 일치하지 않는다. 이들은 마모와 산화 작용으로 인해 시간에 따라 변하지만 둘 다 제한된 분리─형태의 틀 안에 있어야만 하며, 그 틀을 넘어서면 열쇠는 작동하지 않게 된다. 2) 자물쇠의 효율적인 작동과 양립할 수 있는 형상 Fs, Fc의 전범위를 포함하는 연속체로서 나타나는 이러한 분리─형태에 포섭된 '형식적인' 도표적 형식들.

우리는 즉각 가능한 행위로의 이행이라는 기계적 효과가 전적으로 두번째 유형의 형식과 관련된다는 것을 안다. 비록 가능한 한 가장 한정된 분리─형태에 걸쳐 계속될지라도 이러한 도표적 형식들은 수적으로 무한하게 나타난다. 사실 중요한 것은 Fs, Fc 형식의 적분(積分, integral)이다.

이런 무한한 적분 형식은 기계적으로 Fs와 Fc가 무한한 형식에 속하기 때문에만 가치를 갖는 우연한 형식 Fs와 Fc를 배가시키고 매끄럽게 한다. 따라서 다리는 믿을 만한 구체적인 형식 '위에' 설립된다. 나는 이러한 작동을 탈영토화된 매끄러움이라고 부르는데, 이러한 작동은 그 형식들의 '디지털'적이고 기능적인 자격에 만큼이나 기계를 구성하는 소재의 표준화에도 근거하고 있다. 충분하게 작동하거나 탈영토화되지 않은 '철광석'은 자물쇠와 열쇠의 이상적 형상을 왜곡하는 원광석 분쇄의 거칢을 나타낸다. 소재의 매끄러움은 소재로부터 과도한 우연성 측면들을 제거해야 하고, 소재에 외재적인 형식적 흔적들을 정확하게 주조하는 식으로 작용해야 한다. 우리는 이러한 주조가——어느 정도 사진과 비교해서——바로 사라져 버리지 않도록 하고, 충분히 적절한 일관성을 보존해야 함을 덧붙여야 한다. 여기서 다시 우리는 이론적인 도표적 일관성을 작동시키는 분리-형태 현상을 발견한다. 납으로 만든 열쇠나 금으로 만든 열쇠는 강철로 만든 자물쇠 속에서 구부러질 위험이 있다. 액체 또는 기체 상태로 변화된 열쇠는 즉각 자신의 실용적 효율성을 잃고 기술적 기계의 장에서 벗어난다.

이러한 형식적인 문턱 현상은 특히 예비 부품을 지니고 있는 기계 내부의 관계들과 기계 사이의 관계들의 모든 수준에서 발견할 수 있다. 따라서 기술적 기계의 구성 요소들은 형식 화폐의 조각들과 유사하고, 이것은 컴퓨터가 그 구상과 도안에 사용된 이래 더욱더 분명해졌다. 이러한 기계적 형식들, 즉 소재, 부품들간의 분리-형태, 기능적 조절이 지닌 이러한 매끄러움은 형식이 일관성에 그리고 물질적 특이성들에 우선한다고 생각하도록 하는 경향이 있으며, 테크놀로지 기계의 재생산 가능성은 도표적 차원의 기존의 규정에 그 기계의 각 요소를 삽입하도록 부과하는 것 같다. 도표(diagramme)를 '관계의 도상(圖上, icône)'으로 묘사하며 연산 함수와 같은 것으로 본 퍼스[12]는, 현재의 전망에서 더 발전시킬 가치가 있는 보다 광범위한 전망을 제안했다. 여기서 도표는 사실상 자신에게 기능적인 일관성과 구체적인 일관성을 제공할 뿐만 아니라 단순한 구조적 관계에 폐쇄된 정체성으로부터 벗어나게 하는 다양한 타자성의 등록기들을 전개하도록 요구하는 자기 생산적 기계로 여겨진다. 기계의 원형-주체성은 자신의 실존적 **영토성**을 훨씬 넘어서 확장한 가상성의 **세계** 속에 설립된다. 따라서 우리는 도표적 기호화에 내생적인 형식적 주체성을, 예를 들어 잘 알려진 라캉주의 원리('기표는 또 다른 기표의 주체를 나타낸다')에 따라 기표 연쇄에 '기거하는' 주체성을 가정하는 것을 거부한다. 기계의 다양한 등록기에게는 절단·결여·봉합에 근거한 일의적(univoque) 주체성은 없고, 주체성의 존재론적인 이질적 양식들이 있다. 즉 복수적인 타자성의 영역, 좀더 좋게 말하자면 타자화의 영역 속에서 부분적인 언표 행위자의 위상을 지닌 무형적 준거 **세계**들의 성좌들이 있다.

우리는 몇 가지의 특정한 기계적 타자성의 등록기를 이미 거론해 왔다.

— 동일 기계의 다른 부품들 사이의, 그리고 다른 기계들 사이

---

12) **Charles Sanders Pierce**(1839–1914). 미국의 기호학자이자 철학자. 가타리는 그의 기호론을 더욱 확대 발전시키려고 한다. 퍼스는 존재의 세 가지 기본 범주 양태를 설정한다. 첫번째 항목은 다른 어떤 것과 상관 없이 있는 바대로 존재하는 방식이다. 첫번째 항목에는 모든 것이 올 수 있다. 그 예로 감정의 성질들이나 순수한 외관들(분석되지 않은 감정 상태, 본능, 순진한 생각, 목소리의 어조, 이유 없는 행복감 등)을 들 수 있다. 두번째 항목은 첫번째 것을 한정짓고 규정하면서 한계점을 긋는다. 경험과 사고 노력이 이에 해당하며, 반응·명령·원인의 결과 등이 개별 현상으로 나타난다. 세번째 항목은 첫번째 항목과 두번째 항목의 관계를 표상한다. 퍼스는 그 예로서 전달자, 삼단 논법의 중간 항목, 통역자, 타성, 법칙, 언어를 들고 있다. 퍼스는 여기서 삼원적 관계를 강조한다. 'A가 C에게 선물 B를 준다는 사실은 삼원적 관계이며, 있는 바 그대로 그 관계를 이중적 관계(A와 B, B와 C)들의 조합으로 귀결시킬 수는 없다'는 것이다. 〔역주〕

의 근접성의 타자성.

— 내적 물질적 일관성의 타자성.

— 도표적인 형식적 일관성의 타자성.

— 진화적 계통의 타자성.

— 전쟁 기계들 사이의 각을 이루는 타자성. 그 타자성의 연장 속에서 우리는 그것을 자신의 고유한 허탈과 고유한 폐지 경향으로 향하는 욕망하는 기계들의 '자동 무편각' 타자성과 관련시켰다.

또 다른 타자성 형식은 매우 간접적으로만 접근되어 왔으며, 서로 다른 수준의 기계들간의 체계적인 일치 게임을 세우는 척도의 타자성, 프랙털한 타자성이다.[13] 그러나 우리는 기계적인 타자성 형식들의 보편적 표를 만들려는 것이 아니다. 왜냐하면 실제로 기계적 타자성의 존재론적 양태는 무한하기 때문이다. 기계적 타자성은 무한한 조합과 창조를 지닌 무형적 준거 세계의 성좌들에 의해 조직된다.

타자성의 이러한 다가치성을 지도 그리기에는 고대 사회들이 백인의 남성적인 자본주의적 주체성보다 더 잘 무장하고 있었다. 이것과 관련하여 나는 퐁(Fon)의 아프리카 사회들 속에서 물신(숭배)적 대상인 레그바(Legba)에 관련된 이질적인 등록기에

---

13) 라이프니츠(Leibniz)는 《*Monadologie*》(Delagrave, Paris, 1962, pp.178-9) 에서 무한히 큰 것과 무한히 작은 것을 동질화시키려는 자신의 관심에서, 그가 신성한 기계에 동질화시킨 살아 있는 기계가 계속 무한히 가장 작은 부분들을 지닌 기계(이것은 인간의 기예로 만들어진 기계에는 해당되지 않을 것이다) 라고 생각했다.

대한 오제(Marc Augé)의 설명을 언급할 수 있겠다. 레그바는 다음 것들 사이에 있는 횡단적인 존재다.

— 숙명[운명]의 차원.

— 생명 원리의 세계.

— 조상 전래의 가계.

— 물질화된 신.

— 전유의 기호.

— 개인화의 본질체.

— 마을 입구에 하나의 물신, 방 입구에 들어온 이후 집 현관에 또 다른 물신.

레그바는 그릇처럼 만질 수 있는 한 움큼의 모래이지만, 또한 다른 사람들과의 관계에 대한 표현이다. 사람들은 문, 교차로, 마을 광장, 시장에서 그것을 본다. 레그바는 메시지, 질문, 대답을 전달할 수 있다. 또한 죽음 및 조상들과 관계 맺는 수단이다. 레그바는 개인이자 한 부류의 개인들이다. 고유 명사이자 보통 명사이다. 레그바의 존재는 '사회는 관계적 차원일 뿐만 아니라 존재의 차원이라는 사실의 증명에 부합한다.' [14] 오제는 상징 체계는 번역할 수 없고 불투명하다는 것을 강조한다. 레그바 배열 장치는 두 가지 축으로 이루어졌다. 하나는 외부에서 내부로의 축이고, 다른 하나는 정체성으로부터 타자성으로의 축이다. 그러므로 존재, 정체성, 타자와의 관계는 상징적 근거에서뿐만 아니라 열려 있는 존재론적 근거에서 물신적 행위를 통해 이루어

---

14) M. Augé, 〈Le fêtiche et son objet〉, 《L'Objet en psychanalyse》, présentation de Maud Mannoni, Denoël, 〈L'espace analytique〉, Paris, 1986.

진다.[15]

고대 사회의 주체성보다 현재의 기계적 배치들은 오히려 더 일의적인 표준적 지시 대상을 가지고 있지 않다. 그러나 우리는 현재의 기계적 배치들의 구성 요소가 지닌 환원할 수 없는 이질 성——그리고 심지어 이질발생(hétérogenèse)의 성격에조차—— 에 익숙하지 않다. **자본 · 에너지**(Énergie) · **정보**(Information) · **기 표**는 우리로 하여금 생물학적 · 행동학적 · 경제적 · 음운학적 · 문 자적 · 음악적 기타 등등 지시 대상의 존재론적 동질성을 믿게 만들었던 범주들이기도 하다.

환원론적인 근대성의 맥락에서, 기계적 교차를 촉진하는 모든 것에는 비인간적인 부분적 언표 행위의 설립 근거가 되는 가치 **세계**의 특정한 성좌가 대응한다는 것을 재발견하는 것이 우리의 일이다. 생물학적 기계들은 스스로 분화되는 살아 있는 것의 **세 계**들을 식물되기, 동물되기로 촉진한다. 음악적 기계들은 다성 음악적인 거대한 변화 이래 끊임없이 수정된 음성적 **세계**에 근 거하여 설립된다. 기술적 기계들은 가장 복잡하고 가장 이질적 인 언표 행위 구성 요소들의 교차점에 설립된다. 기술의 세계를 존재로부터 거리 두는 운동에서 결과하는 일종의 불길한 운명으 로 바꾼 하이데거[16]는, 가시적인 대상은 '그것이 무엇인지 그것 이 어떤지'를 감춘다며 트랙 위에 있는 상업용 비행기의 예를 들었다. 비행기는 '운송 가능성을 확보하도록 되어 있는 한에서

---

15) M. Augé, 앞의 글.
16) Martin Heidegger, 《*Essais et Conférences*》, Gallimard, Paris, 1988.

만 자신의 근거'를 드러내며, 이 목적을 위해 '그것은 의무를 다해야 할 즉 이륙할 준비가 되어 있어야 하며, 자신의 구성 부분 전체에 걸쳐 그러해야 한다.' 이러한 호명, 현실적인 것을 '밑천'으로서 드러내는 이러한 '임무'는 본질적으로 인간에 의해 작동되며, 보편적 작용으로 번역되고 대체되며 퍼진다. 그러나 기계의 이러한 '밑천'이 인간 존재에게 밝혀진 영원한 진리의 형태로 정말 이미-거기에 주재하는가? 사실상 기계는 인간에게 말하기 전에 기계에게 말하며, 기계가 드러내고 분비하는 존재론적 영역들은 매번 특이하고 불안정하다.

이번에는 총칭적으로가 아니라 콩코드라는 기술적으로 낡은 모델을 통해 상업용 비행기의 예를 다시 생각해 보자. 이 대상의 존재론적 일관성은 본질적으로 혼합적이다. 그 일관성은 자신의 고유한 존재론적 일관성, 강력도 특징, 세로 좌표와 가로 좌표, 특정한 기계 형상을 지닌 각각의 **세계**들의 정서적 혼합물 및 성좌의 지점에, 교차점에 있기 때문이다. '콩코드'는 동시에 다음과 관련된다.

— 자신의 이론적 '제작 가능성'의 구도를 지닌 도표적 **세계**.

— 이러한 '제작 가능성'을 물질적 조건으로 옮겨가는 테크놀로지적 **세계**.

— 그것을 효율적으로 생산할 수 있는 산업적 **세계**.

— 그것으로 하여금 세상에 태어나게 하기에 충분한 욕망에 일치하는 집합적인 상상적 **세계**.

— 다른 것들 중에서도 그것의 건설에 자금을 마련하도록 하는 정치적·경제적 **세계**.

그러나 이러한 물질적·형식적·효과적인 궁극 원인들 전체가 결국 균형이 잡히지는 않을 것이라는 것이다! 콩코드라는 대상은 파리와 뉴욕 사이를 효율적으로 순항하지만 경제적 근거에 고정되어 있다. 자신의 구성 요소들 가운데 하나의 이러한 일관성 결여는 콩코드의 전지구적인 존재론적 일관성을 결정적으로 파손해 왔다. 콩코드는 12개 사례들의 재생산 가능성의 한계 안에서만, 그리고 미래의 초음속기들의 가능주의적 계통의 뿌리에 존재한다. 그리고 이것은 이미 무시할 수 없다!

왜 우리는 배치의 준거 및 부분적 언표 행위가 지닌 다양한 구성 요소들의 일반적 번역 가능성을 근거지을 수 없다는 것에 대해 그렇게 강조하는가? 왜 라캉식의 기표 개념에 대해 이렇게 존경심이 부족한가? 정확히 말하면 언어학적 구조주의에서 연원하는 이러한 이론화는 우리로 하여금 그 구조에서 벗어나지 못하게 하고, 기계의 현실 세계 속으로 들어가지 못하도록 만들기 때문이다. 구조주의적 기표는 항상 선형적 담론성과 동의어이다. 하나의 상징에서 다른 하나의 상징으로, 주체적 효과는 어떤 다른 존재론적 보장도 없이 발생한다. 이것과는 반대로 우리의 분열분석적 전망에서 보는 것과 같은 이질적인 기계들은 보편적 시간화의 뜻대로 표준적인 존재를 생산하지는 않는다. 이 점을 분명히 하기 위해서 우리는 기호학적·기호적, 그리고 코드화의 선형성의 상이한 형태들 사이에 몇 가지 구분을 해야 한다.

— '자연' 세계의 코드화. 이것은 몇 가지 공간적 차원들(예를 들어 결정학(結晶學)의 차원들) 위에서 작용하며, 자동화된 코드화에서 작용 인자들을 빼내는 것을 의미하지 않는다.

— 생물학적 코드화의 상대적 선형성. 예를 들어 네 가지 기본적인 화학적 기(基)에서 출발하여 세 가지 차원에서 동등하게 발

전하는 DNA의 이중 나선.

— 전-기표적 기호학의 선형성. 이것은, 말해진 발화의 음성적 연쇄가 모든 다른 것들을 항상 초코드화하는 것처럼 보일지라도 상대적으로 자율적인 평행선들 위에서 발전한다.

— 구조적 기표의 기호학적 선형성. 이것은 모든 색다른 기호화 양식에 대해 전제적 방식으로 자신을 부과하고, 색다른 기호화 양식을 착취하며, 더욱이 정보(정확히 말해서 현행 상태의 정보, 이러한 사태는 결코 확정적이지는 않기 때문에)가 지배하는 소통 경제의 틀 안에서 색다른 기호화 양식들이 사라지도록 만드는 경향이 있다.

— 비기표적인 표현 실체들의 초선형성. 여기서 기표는 자신의 독재를 잃는다. 하이퍼텍스트[17]들의 정보선은 어떤 역동적인 다형성을 발견할 수 있으며, 결코 선형적이지 않으며, 더욱이 공간화된 집합체들의 논리에서 벗어나는 경향이 있는 준거 세계들과 직접 접촉할 수 있다.

비기표적인 기호 기계들의 특징적인 소재는 '점-기호'에 의해 구성된다. 점-기호들은 한편으로는 기호적 차원에 속하며, 다른 한편으로는 일련의 물질적인 기계적 과정에 직접 개입한다. 예를 들어 지폐를 배분하도록 작용하는 신용 카드 번호. 비기표적인 기호적 형상들은 단순히 의미 작용들을 분비하지는 않

---

17) hypertext. 컴퓨터 및 통신 기술의 발전을 토대로, 마디와 끈으로 엮인 복잡한 네트워크 구조로 이루어져 있는 컴퓨터상의 자료(텍스트)를 말한다. (역주)

는다. 그 형상들은 시작과 종료의 명령을 내리지만 무엇보다도 존재론적 **세계**들을 '존재하게' 만든다. 몇 가지 음을 가지고 복수적 **세계**의 드뷔시주의적인 성좌를 결정화하는 오음계적인 음악적 리토르넬르의 예를 잠시 생각해 보자.

— 《파르지팔 *Parsifal*》[18]을 둘러싼 바그너적 **세계**. 이것은 바이로이트[19]에 의해 구성된 실존적 영토에 붙어 있다.

— 그레고리오 성가[20]식 노래의 **세계**.

— 라모[21]와 쿠프랭[22]을 다시 좋아하게 되는 프랑스 음악의 세계.

— 민족주의적인 위치 변환에 따른 쇼팽의 세계(라벨로서는 리스트를 전유한다).

— 1889년 만국박람회에서 드뷔시가 발견한 일본 음악.

— 마네[23]와 말라르메[24]의 세계. 이것은 드뷔시가 메디치 가에

---

18) 작곡가 Wilhelm Richard Wagner(1813-1883)가 작곡한 오페라. 바그너는 독일 라이프치히에서 출생하였고, 주요 저서로 《독일 음악론》(1840), 《독일 예술과 독일 정치》(1868)가 있으며 주요 작품으로는 《혼례》, 《파르지팔》, 《트리스탄과 이졸데》가 있다. 《파르지팔》은 3막으로 구성된 오페라로서, 1882년 완성되어 그해 7월 바이로이트 음악제에서 초연되었다. 성배 수호 기사단의 왕 암포르타스가 쿤트리의 유혹을 받아 마법사 클링조르에게 창을 빼앗기고 그 창에 의하여 상처를 입자 용감한 바보 파르지팔이 창을 되찾아 암포르타스를 치료한 뒤 그의 뒤를 이어 왕이 된다는 줄거리이다.〔역주〕

19) 바이에른 주에 있는 도시. 바그너 전용 극장이 있다.〔역주〕

20) 로마 교황 그레고리우스 1세(540년경-604)가 개수한 성가로, 미사용 6백30여 곡, 교회의 각종 행사를 위해 교직자가 부르는 1백 곡 이상이 전해지고 있다.〔역주〕

21) Jean Philippe Rameau(1683-1764). 프랑스의 작곡가·오르간 연주자. 근대적 화성악의 근본 개념을 정하는 데 공헌하였다.〔역주〕

22) François Couperin(1668-1733). 프랑스의 작곡가·오르간 연주자. 하프시코드 연주자이기도 하고, 하프시코드 소곡을 작곡하였다.〔역주〕

음악가로서 머문 것과 연관이 있다.

이러한 과거와 현재의 영향에 아르스 노바〔새로운 예술〕[25] 이래의 다성 음악의 재발명, 그리고 그 재발명이 라벨·뒤파르크[26]·메시앙[27] 등의 프랑스 음악 계통과 스트라빈스키가 개시한 음성적 변주, 프루스트 작품에서의 다성 음악의 현전 등에 끼친 반향이 만들어 내는 전망상의 공명을 덧붙이는 것이 적합할 것이다.

우리는 작가에 의존하는 선형적인 기표 연쇄나 고대(arché)-글쓰기와 이러한 다준거적이고 다차원적인 기계적 촉매〔결정화〕사이의 그 어떤 일대일 대응식의 일치도 없다는 것을 분명히 알 수 있다. 규모의 대칭, 횡단성, 선형적인 기표 연쇄의 팽창이 지닌 비담론적인 정서적 성격, 이 모든 차원은 우리를 배제된 제3항의 논리에서 벗어나게 하고, 우리가 앞에서 비판한 존재론적 이항론을 다시 비난하도록 만든다. 기계적 배치는 자신의 다양한 구성 요소들을 통하여 존재론적 문턱, 비선형적인 불가역성의 문턱, 개체발생적이고 계통발생적인 문턱, 이질발생적이고 자기 생산적인 창조적 문턱을 넘어감으로써 자신의 일관성에 도

---

23) Edouard Manet(1832-1883). 프랑스의 화가. 인상파의 창시자. 〈풀밭 위의 식사〉로 유명하다.〔역주〕

24) Stéphane Mallarmé(1842-1898). 프랑스 시인, 베를렌·랭보와 함께 프랑스 상징파의 시조.〔역주〕

25) Ars Nova. '새로운 기법' '새로운 예술'의 뜻으로, 원래는 1320년경 프랑스의 필립 드 비트리(1291-1361)가 저술한 음악 이론서의 제목이다. 13세기의 유럽 음악인 '아르스 안티콰(ars antiqua; 낡은 예술)'에 대비하여 14세기의 새로운 기보법을 서술한 데서 비롯되었다.〔역주〕

26) Marie Duparc(1848-1933). 프랑스의 작곡가. 시에 곡을 붙인 것으로 유명하다.〔역주〕

27) Olivier Messiaen(1908-1992). 프랑스의 작곡가.〔역주〕

달한다. 규모 관념을 여기서 존재론적 측면에서의 프랙털한[28] 대칭들을 생각하는 데까지 확장할 필요가 있다. 프랙털 기계들이 횡단하는 것은 실체적 규모들이다. 프랙털 기계들은 자신들을 만들어 내면서 자신들을 횡단한다. 그러나——이것을 다시 지적해야겠는데——프랙털 기계들이 '발명하는' 실존적 좌표들은 항상 이미 거기 있었다. 이러한 역설이 어떻게 유지될 수 있는가? 배치가 에너지-공간-시간적 좌표들에서 벗어날 수 있도록 허용하는 순간에 (르네 톰이 일으킨 시간의 퇴행적 매끄럽게하기를 포함하여[29]) 모든 것이 가능해지기 때문이다. 그리고 여기서 다시 우리는 자기 자신과 동일한 존재가 아닌——이전, 이후, 여기, 그리고 다른 어디에서나 있는——**존재**, 자신의 가상적 조성을 활성화하는 무한 속도에 따라 무한히 복잡한 직조들로 특이화할 수 있고, 과정적이고 다성적인 **존재**의 존재 방식을 재발견할 필요가 있다.

---

28) fractale. 모든 길이의 규모(척도)에서 똑같은 것으로 보이지만 불규칙한 모양(끝나지 않고 계속되는 그림 안의 그림)을 지니고 있는 것을 지칭한다. 언제나 부분이 전체를 닮는 자기 유사성(self-similarity)과 소수 차원을 특징으로 갖는 형상을 말한다. 하나의 단순한 과정의 반복을 통해 복잡한 실체를 생산하는 것을 프랙털화라고 한다. [역주]

29) René Thom(1923-2002). 프랑스의 수학자이자 철학자. 《구조적 안정성과 형태 발생》(1972)이란 책을 써서 카타스트로프 이론을 창시하였다. 연속의 한가운데서 불연속이 나타나며, 이로부터 새로운 형태가 나타나는 것을 카타스트로프라고 하였다. 즉 카타스트로프는 불연속의 출현을 야기하는 형태의 변형을 의미한다. 시간과 관련해서는, 시간은 근본적으로 불가역적인 무엇으로 머문다고 주장한다. 그런데 어떤 현상이 존재한다고 말할 수 있기 위해서는 우리 눈에 무엇인가가 통과해야 하는 한 어떤 불가역성 형태 없이는 현상에 대한 인지가 불가능하다고 한다. 《카타스트로프의 과학과 철학》, 솔, 1995. [역주]

여기서 권하고 있는 존재론적 상대성은 언표 행위적 상대성과 분리할 수 없다. (천체물리학적 의미에서, 혹은 가치론적 의미에서) 어떤 **세계**에 대한 지식은 자기 생산적인 기계들의 매개를 통해서만 가능하다. 자기-소속의 핵심 지대는 어떤 현존재나 어떤 존재 양태를 인식상 실존하게 하기 위해서 어딘가에 존재할 필요가 있다. 이러한 기계/**세계** 짝을 벗어나서는 현존재들만이 가상적 본질체의 순수한 지위를 지닌다. 그리고 이것은 현존재들의 언표 행위 좌표들에 대해서도 마찬가지이다. 이 지구상에 부착된 생물권과 기계권은 공간·시간·에너지의 관점에 집중한다. 그것들은 우리 은하계의 구성 각도를 추적한다. 이러한 특수화된 관점을 벗어나면, **세계**의 나머지는 (우리가 이승에서 실존을 이해하는 의미에서) 다른 자기 생산적인 기계들의 실존의 가상성을 통해 우주 전역에 흩어져 있는 다른 생물-기계권들 속에서만 실존한다. 공간·시간·에너지의 관점들의 상대성은 그럼에도 불구하고 현실을 꿈속에 흡수한다. **시간**(Temps) 범주는 불가역성의 범주임이 확인되어도 빅뱅에 대한 우주론적인 사유 속에서 해체된다. 나머지 객관성은 그것 위에서 구성할 수 있는 관점들의 무한한 다양화의 일소(一掃)를 거부하는 것이다. 자신의 미립자가 은하계로부터 만들어지는 자기 생산적인 본질체를 상상해 보자. 혹은 반대로 근본 미립자 규모에서 구성되는 인식성에 대해 생각해 보자. 또 다른 파노라마, 또 다른 존재론적 일관성. 기계권은 가상성의 장에서 무한한 다른 것들 사이에 실존하는 모습(형상)들을 정렬하고 현실화한다. 실존적 기계들은 내생적으로 복잡한 존재와 호흡을 맞춘다. 실존적 기계들은 초월적 기표에 의해 매개되지 않고, 일의적인 존재론적 근거에 의해 포섭되지 않는다. 실존적 기계들은 그 자체로 그들 자신의 기호적 표현 소재이다. 탈영토화 과정으로서 실존은 특이화된 실존적 강렬도를 촉진시키는 특정한 기계간 작동이다. 그리고 반복하건 대 이러한 탈영토화를 위한 일반화된 통사법은 없다. 실존은 변 증법적이지 않고, 재현할 수도 없다. 실존은 겨우 살아간다!

대인 관계적이고 사회적인 거대한 유기적 균형과 단절하는 욕 망하는 기계들은 자아에 기반한 자기 중심의 정치에 반대하여 타자의 역할을 한다. 예를 들어 정신분석에서 말하는 부분 충동 들과 다형 도착적인 투여들은 예외적이고 일탈적인 기계들의 종 (種)을 구성하지 않는다. 모든 기계적 배치는——심지어 발아 상태에서조차——매우 많은 욕망하는 원형-기계들인 언표 행 위 핵심 지대들에 정박한다. 이러한 점을 분명하게 하기 위해 우 리는 기계적 **세계**에 대한 자본주의적 이해라는 선형적 인과 관 계를 넘어서게 하는 강렬도화의 많은 차원은 물론, 횡단 기계적 교두보를 확장하고 기계적 소재와 도표적 피드백이 지닌 존재론 적 직조의 매끄러움을 이해해야 한다. 우리는 또한 배제된 제3 항과 충분 조건의 원리에 기초한 논리들에서 벗어나야 한다. 이 러한 매끄러움을 통해서 엄밀한 한계를 벗어나 이제부터는 현존 재에 일관성을 부여하는 넘어선 존재, 즉 대자적 존재가 등장한 다. 기계는 항상 무형적 준거(혹은 가치) **세계**의 성좌에 근거하 여 실존적 **영토**를 구성하는 핵심 지대와 동의어이다. 존재의 이 러한 변전의 '메커니즘'은 기계의 어떤 담론적 선분들이 기능적 이거나 의미 작용적인 역할(연기)을 할 뿐만 아니라, 내가 리토 르넬르의 기능이라고 부른 강렬한 순수 반복이 지닌 실존화하는 기능을 취한다는 사실에 있다. 매끄러움은 존재론적 리토르넬르와 같으며, 그래서 하이데거의 존재론이 그러하듯이 테크네를 통해 존재의 일의적 진리를 이해하는 것과는 거리가 멀고, 우리가 감정적이고 지도 그리는 접근 수단을 획득하는 순간에 우리에게 주어진 기계들과 같은 존재의 다원성이다. **존재**의 표명이 아니라 복수의 존재론적 구성 요소들의 표명이 기계의 차원에 속한다. 그리고 이것은 기호학적 매개 없이, 초월적인 코드화 없이 직접적으로 '존재하게 하는' 것으로서, 주는 것으로서 있다. 그러한 '주는 것'에 접근하는 것은 이미 그것에 충분한 권리로서 참여하는 것이다. 권리라는 이 용어는 여기서 우연히 생겨나는 것이 아닌데, 원(proto)-존재론적 수준에서 원-윤리적 차원을 확인하는 것이 이미 필요하다는 것이 확실하기 때문이다. 존재론적 성좌의 강렬도가 하는 역할은 말하자면 자아를 위한, 존재의 선택일 뿐만 아니라 우주의 모든 타자성을 위한, 그리고 시간의 무한을 위한 존재의 선택이다.

　인류학적인 어떤 '최고' 단계에서 선택과 자유가 있다면, 그 것은 우리가 기계적 연관의 가장 기초적인 지층들에서 그것들을 발견할 것이기 때문이다. 그러나 기초 요소들과 복잡성이란 관념은 여기서 난폭하게 역전되기 쉽다. 가장 분화된 것과 가장 미분화된 것이, 무한 속도로 서로 대항하기도 하고 함께하기도 하면서 자신의 가상적 등록기들을 작동시키는 동일한 카오스 안에 공존한다. 기계적-기술적 세계는(그것의 '터미널'에는 오늘날의 인간성이 구조화되어 있는데) 카오스의 무한 속도를 일정하게 하고 한계짓는 지평들에 의해 막혀 있다. (빛의 속도[광속], 빅뱅[30]

의 우주론적 지평, 그리고 양자물리학에서의 기초적인 작용 양자 (作用 量子)와 플랑크[31] 거리, 절대적 영도의 한계를 넘을 수 없는 것.) 그러나 기호적 속박이란 이 동일한 세계는 특정 조건 아래에서 가상성의 **세계**를 벗어나 분기하고 새로운 가능성의 장을 만들어 내는 것을 필요로 할 뿐인 다른 세계들에 의해서 2배가 되고 3배가 되고 무한해진다.

욕망 기계들, 윤리적 창조의 기계들은 과학적 기계들과 같은 자격으로 우리의 우주적 경계선들을 계속 바꾸어 간다. 그 자격으로 욕망 기계들은 (모든 부분으로부터 우리의 시간을 폭발시키는 기계적 혁명의 개화에 버텨낼 수 없는) 우리의 낡은 사회 기계들을 교체한다고 하는 주체화 배치들 안에서 두드러진 위치를 차지하고 있다.

지구를 (파괴하는 위험을 지닌 채) 휩쓴 거대한 기계적 혁명과 관련하여 사람들은 냉담한 태도를 취하거나 초월성의 근거로 삼고자 전통적 가치 체계에 붙으려고 하는 대신에, 진보 운동 혹은 더 좋게 말하면 과정의 운동으로 가치들과 기계들을 융화시

---

30) 우주를 탄생시킨 대폭발이란 의미이다. 가모(G. Gamow, 우크라이나 태생의 미국 물리학자)는 초고압 · 초고밀도 상태의 원시 화구(原始火球: 우주 탄생 이전의 상태)가 지금부터 1백~2백억 년 전에 빅뱅(big bang: 대폭발)을 일으켜 빠른 속도로 팽창하여 현재의 우주에 이르렀다는 우주 진화에 관한 이론을 1950년 전후에 제창하였다. [역주]

31) **Max Karl Ernst Ludwig Planck**(1858~1947). 독일의 물리학자. 열역학을 연구 주제로 엔트로피 · 열전 현상(熱電現象) · 전해질 용해 등을 연구하는 등 열역학의 체계화에 공헌하였다. 그 총정리인 《열역학 강의》(1897)에서 고온 물체로부터 방출되는 열복사(熱輻射)의 세기 분포를 설명하기 위해 플랑크 상수를 도입하였다. 이것은 물질 입자의 입자성(粒子性)과 파동성(波動性)의 이중성을 보증하는 상수로서, 미시적인 세계의 본질에 관계하는 중요한 양으로서 간주되었다. [역주]

키려고 노력할 것이다. 가치들은 기계들에 내재적이다. 기계적 흐름의 생명〔삶〕은 인공 지능적 반응을 통해서 표명될 뿐만 아니라 언표 행위적인 **영토** 구현, 가치 증식하는 존재 장악에 입각하여 무형적인 **세계**를 촉진하는 것과 관련되어 있기도 하다. 기계적 자기 생산은 부분적 원형-주체화의 핵심 지대를 통해서 비인간적인 자기를-위한 것으로 나타나며, '수평적' 생태 체계적 타자성(상호 의존의 리좀에 위치해 있는 기계적 체계들)과 계통 발생적인 타자성(현실적인 기계적 울혈을 앞으로의 변화〔돌연변이〕의 **계통** 및 과거 지향적인 가계도를 만나도록 놓는)의 이중 양태 아래에서 타자를-위한 것을 전개한다. 모든 가치 체계──종교적 · 미학적 · 과학적 · 생태철학적……──는 필연적인 현실과 가능주의적인 가상 사이의 기계적 접촉 경계면에 위치해 있다. 따라서 가치 **세계**는 담론적 현실을 구성할 수 있는 추상 기계의 복잡성이 지닌 무형적 언표 행위자를 구성한다. 그래서 이런 원형-주체화의 핵심 지대들의 일관성은, 원형-주체화의 핵심 지대들이 다소 강렬하게 유한성의 결절 속에, 더욱이 과정적 복잡성을 재충전할 수 있도록 보장하는 카오스모제[32]적 파악의 **영토**들 속에 구현되는 한에서만 확보될 것이다. 결과적으로 유한하게 영토화되고 무한하게 무형적인 이중적 언표 행위.

그럼에도 불구하고 이런 가치 **세계**의 성좌는 **보편**들을 구성하지 않는다. 가치 **세계**의 배치가 특이한 실존적 영토들에 매여 있다는 것은, 사실상 가치 **세계**의 배치에 이질발생의 역능을, 즉 특이화하고 필연적인 분화라는 불가역적인 과정 위로 열리는 역

---

32) 카오스모제에 관해서는 4장의 주 1) 참조.

능을 부여한다. 각 존재의 색을 분화시키는——예를 들어 철학적 개념의 일관성의 구도로부터, 과학적 기능의 준거 구도 혹은 미학적 조성의 구도와 전혀 다른 하나의 세계를 만드는——이런 기계적 이질발생이 어떻게 일반화된 등가성이라는 자본주의적 동질발생에, 즉 모든 가치가 동일한 경제 권력의 자에 따라 평가되고 모든 전유 **영토**들이 동일한 경제 권력의 자로 환원되고 모든 실존적 부가 교환 가치의 명령에 굴복하기에 이르는가? 사용 가치와 교환 가치 사이의 비생산적 대립에 대하여 모든 기계적 가치 증식의 양태들, 즉 욕망적 가치, 미학적 가치, 생태적 가치, 경제적 가치……를 포함하는 가치론적 복합체를 대립시키는 것이 좋을 것이다. 일반적으로 이런 기계적 잉여 가치들 전체를 포섭하는 자본주의적 가치는 경제적이고 화폐적인 기호계의 우선성에 근거하여 탈영토화 세력의 공격에 착수하고, 모든 실존적 **영토성**들에 대한 일종의 전반적 내부 파열에 상응한다. 사실상 자본주의적 가치는 다른 가치 증식 체계에서 떨어져 있거나 옆에 있지 않다. 자본주의적 가치는 통제받는 카오스모제적 탈영토화——사회적이고 미학적이며 분석적인 실천의 방패 아래에서——와 발작적인 이항적 준거로 이해되는 우연적 블랙홀 속으로 아찔하게 무너져 내리는 것 사이에 있는, 지울 수 없는 경계를 넘어서는 것에 상응하기 때문이다. 여기서 발작적인 이항적 준거는 자본주의적 법에서 벗어날 것을 주장하려는 가치 **세계**의 전체적인 일관성을 무자비하게 해체한다. 따라서 사람들이 경제적 결정을 사회 관계 및 주체성 생산과 관련하여 첫번째 [일차적] 지위에 놓을 수 있다는 것은 부당할 뿐이다. 사법과 같은 경제법은 가치 **세계** 전체에서 제외되어야 한다. 왜냐하면 경제법이 가치 **세계** 전체를 붕괴시키려고 애쓰기 때문이다. 계획 경제와 신자유주의에 흩어져 있는 잔해들 위에서, 그리고 새로운 윤리-정치적 합목적성(생태철학)에 따라 가치 **세계**를 재구축하는 것은 반대로 기계적 가치 증식 배치의 일관성을 굽힘 없이 재개할 것을 요청한다.

3

분열분석적 메타 모델화

정신분석학은 위기에 처해 있다. 정신분석학은 진부한 치료〔실천〕와 경직된 개념 속에 빠져 있다. 사회 운동도 공산주의 체제의 붕괴 및 사회민주주의자들의 자유주의로의 전향으로 인해 난관에 봉착해 있다. 각각의 경우에 개인적 주체성 및 집단적 주체성은 모델화를 결여하고 있다. 그리고 구조주의에 의해 수정된 프로이트주의나 프로이트 마르크스주의도 이러한 구도에서는 어떤 것도 진전시킬 수 없다는 것이 아주 분명하다. 사실상이론적 재조성 및 새로운 실천의 발명을 위한 광대한 대지가 열려 있다. 나는 인칭론적 **보편**들, 구조적 수학소, 생물학적인 혹은 경제적인 하부 구조적 토대 위에 세워진 주체성의 근거를 문제삼는 것이 기계 현상에 대한 재규정을 포함하는 것임을 보여주려 했다. 지금부터 기계를 구조와 대립적으로 이해할 것인데, 구조는 영원성의 감정과 연관되고, 기계는 유한성·불안정성·파괴·죽음에 대한 자각과 연관된다.

현존재의 다양성 아래에 어떤 일의적인 존재론적 주춧돌도 주어지지 않으며, 오히려 기계적 접촉 경계면〔공유 영역〕들의 구도가 있다. 존재는 현실화된 담론적 구성 요소들(물질적·신호적 **흐름**, 기계적 **계통**)과 비담론적인 가상적 구성 요소들(무형적 **세계**와 실존적 **영토**)을 결합하는 무한한 언표 행위 배치를 통해 결정화된다. 그러므로 존재에 대한 특이한 관점들은 자신의 불안정성, 불확실성, 창조적 측면들을 지닌 채 보편주의적 전망들에 고유한 구조들의 고정성을 압도한다. 이러한 현실적인 기능소들과 가상적인 기능소들 사이에 강렬한 다리를 놓기 위하여 우리는 무한 속도로 활성화된 결정론적 혼돈(카오스)의 실존을 가정하게 되었다. 바로 이러한 카오스에 입각하여 에너지-시간-공간적 좌표들이나 범주 체계들 속에서 감속되기 쉬운 복잡한 조성들이 구성된다.

　　표현 구도와 **내용** 구도 사이의 자동적 분절 체계들에서 시작하기보다는 우리는 그 체계들의 배치의 부분적 작용 인자들을 강조할 것이다. 예를 들어 기호소(monéme)〔구조언어학에서 최소의 표의(表意) 단위〕적인 의미 작용 단위들과 음소적인 의미 작용 단위들 사이의 언어적 이중 분절이 지닌 기계학적 측면을, 이러한 두 가지 이질발생적인 등록기들을 횡단하며 분기를 만들 수 있고 새로운 결합을 생산할 수 있는 추상 기계들로 대체할 것이다. 가치 **세계**가 기호 기계와 협력하여 기능한다거나, 기호 기계가 구체적 기계와 결합한다거나, 혹은 실존적 **영토**들이 이 세계를 바라보는 관점들을 두드러지게 한다……는 것은 분명하지 않다. **세계**, 기계적 **계통**, **흐름**, **영토**라는 네 가지 존재론적 기능소들의 연관은, 언표 행위 배치를 개방하고 카오스적으로 규정되는 것으로 만들어 냄으로써 자신들의 실용적 과정성을 보존한다. 구조주의적 방식은 기의·도상·**이마고**(Imago)·상상계(l'imaginaire)의 문제 설정을 통사적 분절에 유리하게 일괄적으로 다루길 원한다. 〔구조주의적 방식의〕 관심은 아마도 현상적인 광경(paysage)에 활기를 불어넣는 상호 작용적인 구조적 기계학에 집중되었다. 따라서 이러한 광경에서 생겨나는 존재론적 결정화 지점은 시야에서 사라져 버렸다. 음운적 담론성, 몸짓의 담론성, 공간적 담론성, 음악적 담론성…… 등, 동일한 기표 경제에 묶인 이 모든 것은 자신들이 분리된 계열체적 형상들로 분할해야 할 내용들에 대해 절대적 통제를 했다. 그러나 이러한 담론 체계에 일관성을 부여하는 것, 그리고 언표 행위적 단자(mo-nade)들의 발기를 정당화하는 것은 내용의 측면에서, 즉 특정한 담론적 연쇄에 의거하고 자신들의 의미 작용적, 함축 의미적, 명제적 반향[영향]들에서 벗어나 자신들에게 존재론적 긍정의 리토르넬르 역할을 하게 만드는 이러한 실존적 기능의 측면에서 찾아져야 한다.

네 가지 존재론적 기능소들의 배치

	표 현 현실[현동] (담론적)	내 용 가상적 언표 행위의 핵심 지대 (비담론적)
가능	Φ = 기계적 담론성	U = 무형적 복잡성
실재	F = 에너지-공간-시간적 담론성	T = 카오스모제적 구현

기능소 F, Φ, T, U는 분명한 표현 안에 박혀 있는 가상적 언표 행위의 핵심 지대에 도표적인 개념적 지위(화용론적 지도 제작법)를 부여하는 일을 한다. 그것들의 행렬적 연관은 담론적이고 현상학적인 접근을 통해 감지될 수 있을 뿐인 자신들의 철저한 이질성을 가능한 한 많이 보존해야 된다. 그것들은 여기서 메타 모

델화하는 것으로서 기술되는데, 이것의 본질적 목적은 다양한 현존의 모델화(종교적 모델화, 형이상학적 모델화, 과학적 모델화, 정신분석학적 모델화, 물활론적 모델화, 신경증적 모델화……) 체계가 자기-준거적 언표 행위의 문제를 거의 항상 우회해 가는 방식을 설명하려는 것이다. 따라서 분열분석은 다른 모델화를 배제하고 어떤 하나의 모델화만을 선택하지 않는다. 분열분석은 주어진 상황에서 작동중인 다양한 지도 제작법들 안에서, 지도 제작법들을 현실화하기 위해 지도 제작법들을 횡단함으로써 지도 제작법들에 작동적 도표 체계를 제공하고(이를테면 표현 소재의 변화를 통해), 지도 제작법들 스스로 수정된 배치 안에서 더욱 개방적이고 더욱 과정적이며 더욱 탈영토화되게 작동하도록 만드는 가운데 가상적 자기 생산의 핵심 지대를 식별할 수 있도록 해준다. 분열분석은 콤플렉스를 단순화하는 환원주의적 모델화의 방향으로 움직이기보다 오히려 자신의 복잡화, 자신의 과정적 풍부화를 향해, 자신의 분기 및 분화의 가상선들의 일관성을 향해, 간단히 말해 자신의 존재론적 이질성을 향해 움직일 것이다.

부분적 생명의 핵심 지대를, 즉 현상적인 복수성에 언표 행위적 일관성을 제공할 수 있는 것의 위치를 설정하는 것은 객관적인 순수한 기술(묘사)의 문제가 아니다. 단자(monade)를 이 세계 내 존재, 자기를-위한 영역이라고 인식하는 것은 정념적 이해가 에너지-공간-시간적 좌표를 벗어난다는 것을 의미한다. 여기서 앎(인식)이란 무엇보다 실존적 전이, 비담론적 이행 과정이다. 이 전이의 언표 행위는 항상 화법(話法)의 전환을 통해 발생하는데, 이 화법의 주목적은 합리적 설명을 하는 것이 아니라 복잡한 리토르넬르들, 즉 강렬한 기억의 지속성 및 사건의 일관성에 대한 지지를 촉구하는 것이다. 실존적 기능은 신화적 이야기, 종교적 이야기, 환상적 이야기 등을 통해서만 담론에 접근한다. 그러나 이러한 담론 자체는 단순한 부수 현상이 아니며, 언표 행위의 정치−윤리적 회피 전략의 내기〔게임〕이다. 안전방호벽〔난간〕이나 질서를 요구하는 방향지시등 같은 네번째 존재론적 기능소들은 이 전략들의 내기를 볼 수 있게 만드는 사명을 지닌다.

예를 들면 수많은 씨족적 영토권 및 종족적 **영토性**과 관련된 다신교적 타협〔화해〕과 결합되었던 고전적 **고대**의 무형적 **세계**들은 기독교의 삼위일체 혁명으로 인해 철저한 개조를 경험했다. 성호를 긋는 리토르넬르로 표시되는 기독교는 사회적 · 실존적 영토들 전체뿐 아니라 신체적 · 정신적 · 가족적 배치 모두를 예수의 부활 및 시련이라는 유일무이한 실존적 **영토** 위에 재집중시켜 놓는다. 주체적 예속(assujettissement)이라는 이 들어 보지 못한 공격은 신학적인 유일한 틀을 분명히 넘어선다! 죄, 회개, 신체의 반점들〔문신〕, 섹슈얼리티, 보상적 매개를 지닌 새로운 주체성은 역시 새로운 사회적 배열 장치들의, 즉 후기 **로마 제국**의 잔해 및 아직 도래하지 않은 봉건적 질서 및 도시적 질서의 재영토화를 통해 자기 자신을 찾아나서게 된 새로운 제어(asservissement) 기계들의 본질적 부분이다.[1]

---

1) 가타리는 예속(종속, assujettissement)과 제어(asservissement)를 구분한다. 예속은 우리가 흔히 말하는 권력 관계로서 나타나는 종속을 말하고, 제어는 사이버네틱스에서 자동 기계적 제어의 의미로 사용한다. 〔역주〕

우리와 더욱 가까이에서는, 프로이트주의의 신화적-개념적 이야기가 네 가지 존재론적 사분면들을 수정한다. 역동적이고 국소적인 모든 억압 기계 장치는 리비도 **흐름**의 경제를 지배하는 반면, 임상적 접근이 우회했던 실수나 농담과 관련된 꿈의 차원, 성적 차원, 신경증적 차원, 유아적 차원의 언표 행위 지대는 우리 표의 오른쪽을 침입한다. 무모순의 **세계**로, 대립적인 것들의 이질발생의 세계로 보이는 무의식은 명백한 징후의 **영토**들을 포함하는데 자율화, 즉 자기 생산적 반복, 정념적 반복, 병원적 (病原的) 반복을 향한 징후의 성향은 자아의 통일성을 위협한다. 그리고 이것은 점점 더 불확실하고 더욱이 프랙털화된 분석적 임상 치료의 역사에서 드러나게 될 것이다. 프로이트적 지도 제작법은 기술〔묘사〕적인 것만은 아니며, 전이와 해석의 화용론〔실천〕과 분리될 수 없다. 어쨌든 나로서는 프로이트적 지도 제작법을 의미 작용적인 관점에서 벗어나게 하는 것이, 표현 수단의 전환과 새로운 가능선들을 풀어 놓고 청취 및 모델화를 새로 배치한다는 단순한 사실에서 벗어나는 존재론적 직조의 돌연변이〔변화〕로서 이해하는 것이 좋겠다. 갱신된 관심의 대상으로서, 하나의 이야기로서 무의식에 대한 열쇠를 감추고 있다고 이야기되며, 자유 연상의 스크린을 꿰뚫는 꿈은 심오한 변화를 겪는다. 14세기 이탈리아에서 **새로운 예술** 혁명 이후 이탈리아 음악을 더 이상 유럽의 문화 환경 안에서 동일한 방식으로 이해하지 않을 것이라는 것과 마찬가지로, 꿈과 꿈 활동〔작용〕은 자신들의 새로운 준거적 배치 안에서 본성적으로 변화해 왔다. 그리고 동시에 수많은 정신병리학적 리토르넬르들은 더 이상 경험되지 않고, 따라서 동일한 방식으로 모델화되지 않을 것이다. 그리고 매일 수백 번씩 손을 씻는 강박증 환자는 상당히 수정된 준거 **세계**의 맥락 안에서 혼자만의 고민을 악화시킬 것이다.

프로이트의 모델화는 분석 장치의 발명으로 주체성 생산을 확실하게 풍부화시켰고, 자신의 준거적 성좌를 확장시켰으며, 새로운 실용적 개방을 가져왔다. 그러나 프로이트의 모델화는 자신의 가족적이고 보편적인 개념들로 인해, 해석이라는 자신의 상투적인 실천[진료]으로 인해, 무엇보다 스스로 언어기호학을 넘어설 능력이 없었으므로 곧바로 한계에 봉착했다. 정신분석학은 자신의 신경증적 시각을 통해 정신병을 개념화하는 반면, 분열분석은 정신병 세계에 있는 존재 양식에 비추어 모든 주체화 양태에 접근한다. 왜냐하면 일상성에 대한 통상적인 모델화(모든 가능한 모델화의 영도(零度)로서의 비기표적인 실존적 기능의 뿌리를 방해하는 '일상의 공리')가 그와 같이 발가벗겨지는 것은 오직 여기뿐이기 때문이다. 신경증과 더불어 징후적 소재는 지배적인 의미 작용의 환경 속에 계속 싸여 있는 반면, 정신병과 더불어 표준화된 **현존재**(Dasein)의 세계는 자신의 일관성을 상실한다. 타자성은 그 자체로 일차적인 문제가 된다. 예를 들면 객관적 세계의 지위 이전에 정신착란[망상]과 환각 속에서 부서지고 갈라지며 분열되고 있음을 자각하는 것은 내 속에 있는 타자의 관점, 즉 경험된 신체 및 느껴진 신체와 접합하는 인지된 신체이다. 이것은 자신들의 근거를 감각할 수 있는 증거에 두는 정상화된 타자성의 좌표들이다.

정신병은 하나의 구조적 대상이 아니라 하나의 개념이며, 제거할 수 없는 본질이 아니라 충격 후에 정신이상자가 될 사람과 만나는 동안 항상 다시 시작되는 기계화이다. 그러므로 여기에서 정신병 개념은 자기 자신에 갇힌 본질체가 아니라 극단적으로 불안정한 지점에 있는 추상 기계적인 구현이다. 왜냐하면 정신병은 이 세계의 모든 것이 언제나 파괴할 수 있는 지울 수 없는 흔적이기 때문이다. **무의식**은 정신병 개념과 전적으로 관련되어 있다. 즉 **무의식**은 또한 자신의 출현 지점에서 주체성을 점령하는 무형적 구축물이다. 그러나 무의식은 언제나 끈적끈적해질(굳어질) 위험이 있는 개념이며, 자신을 재영토화하려고 위협하는 문화적 찌꺼기를 끊임없이 제거해야 하는 개념이다. 무의식은 주체성을 작동시키는 사건의 독성으로 인해 재활성화되고, 기계적으로 재충전될 것을 필요로 한다. 분열적 파열은 **무의식**이 지닌 막 드러나는 프랙털성에 접근하는 왕도이다. 분열적 환원이라 부를 수 있는 것은 현상학의 모든 직관적인 환원을 넘어선다. 왜냐하면 분열적 환원은 서사(이야기)를 회복시키며, 정신착란(망상)적인 리토르넬르일지라도 실존적 서사성과 타자성을 인위적으로 다시 근거짓는 비기표적 리토르넬르와 만나게 되기 때문이다. 지나가면서 정신분석과 현상학 간의 교묘한 엇갈림에 주목하자. 즉 정신분석은 정신병적 타자성을 본래 결여했던(특히 정신분석이 자신의 관념들을 동일시의 소재 속에 물상화하고 강렬한 생성을 사고할 능력이 없기 때문에) 반면, 현상학은 정신병에 대해 가장 잘 기술해 왔다. 그렇지만 그 기술을 통해 서사적 모델화의 근본적인 역할을, 리토르넬르——환상적 리토르넬르, 신비적 리토르넬르, 진기한 리토르넬르……——의 우회할 수 없는 실존적 기능의 지지물을 밝혀내지 못하였다. 여기서 우리는 아들(예수)이 죽어 묻혔는데 부활했다는 것이 불가능하기 때문에 이 사실들이 확실하다고 주장한다는, 테르툴리아누스[2]의 역설의 원천을 재발견한다. 그것은 여러 가지 점에서 프로이트의 이론이 신화적이기 때문에 돌연변이적 주체화의 리토르넬르를 촉발할 수 있다는 것이다.

분열분석적 메타 모델화[3]는 일의적인 방식으로 (그 집합체의 요소들 가운데 하나가 포함되는지 아닌지를 항상 분명히 아는 그런 식으로) 규정된 집합체의 전통적인 논리를 존재-논리로, 즉 고정되고 외생적인 좌표들 안에 한정되지 않는 대상을 지닌 실존의 기계론으로 대체한다. 그리고 이 대상은 어느 때나 자기 자신을 넘어 확장되고 증식되거나, 자신을 구성할 수 있는 타자성의 **세계**와 함께 폐기될 수 있다. 내가 이미 지적했듯이, 다니엘 스턴의 저작은 [2세 이전의] 유아들의 대인 관계 발전의 틀에서 이런 형태의 횡단적 본질체들을 명확하게 설명한다.[4] 어린이의 말하기 이전 국면의 행동학은 사실상 가족 인물들이 아직 자율화된 구조적 극들을 구성하지 않지만, 내 자신의 용어로는 흩어지고 복수적이고 뒤얽힌 실존적 **영토**들 및 무형적 **세계**들에 속하는 심리적 세계를 나타낸다. 어머니의, 아버지의, 형제의 **세계**들과 자아의 **영토**들이 자아 감각 및 타자 감각을 아주 상호 의존적으

---

2) Quintus Septimius Florens Tertullianus(?160-?230). 북아프리카 카르타고 출신의 신학자로 많은 저서들을 냈다. 순수하게 신학적인 문제에 철학을 적용하려는 사람들에게 반대한 것으로 유명하며, '불합리하기 때문에 나는 믿는다'라는 유명한 말을 남겼다.[역주]

3) méta-modélisation. 어떤 현상들을 일정한 틀에 맞추어 설명해 내는 것을 모델화라고 한다면, 메타 모델화는 그 모델화를 다른 설명틀로 설명해 가려는 시도이다.[역주]

4) Daniel Stern, 앞의 책.

로 발전시키는 일종의 자기 생산적 눈덩이 현상 속에 집적된다.

다니엘 스턴이 출현적 자아(emergent self)라고 부른 첫번째 주체화 배치는, 태어났을 때에 이미 분명하게 나타나고 2개월까지 전개된다. 모든 언어적 판별성 혹은 신체적 판별성을 벗어나 출현적 자아는 운동 및 수의 형태들, 강렬도들에 대한 초기의 인지〔지각〕 **세계**를 발전시킨다. 이 추상적이고 무양태적인 형태는 다양한 인지적 등록기에 횡단적으로 설치되며, 유아는 태어날 때부터 자신이 (그리고 서로) 이해하는 것을 보고 느끼는 비범한 능력을 지닌다. 분위기적이고 정념적이며 융합적이고 이행적인 출현적 자아는 주체-대상, 자아-타자, 그리고 물론 남성성-여성성이란 대당들을 무시한다. 절대적 모성의 지배권은 어떤 오이디푸스 삼각형화에도 참여하지 않을 것이지만, 아마 사후에는 (nachträglich) 오빠-누이 간의 분열적 근친상간의 선택 장소일 것이다. 출현의 **세계**, 모든 무형적 되기들의 감광판인 이러한 출현적 자아는 구순적 단계와 같은 발달심리학적 단계와 결코 동일시될 수 없다. 무엇보다도 출현적 자아는 하나의 단계가 아니기 때문인데, 왜냐하면 그것은 여타의 자아 형성물들과 나란히 지속될 것이고 어른의 시적 경험, 애정 경험, 꿈의 경험을 따라다닐 것이기 때문이다. 더욱이 출현적 자아가 작동시키는 구강성은 수동적으로 생리학적이지 않으며 압력·원천·목표·충동 대상의 사안으로 환원될 수도 없기 때문에, 출현적 자아는 가장 이질적인 준거 **세계**들로 열리는 능동적으로 기계적인 주체화의 부분적 핵심 지대이다. 예를 들면 입으로 게걸스럽게 먹어치운다거나 어머니의 가슴으로 돌아간다는 환상은, 현실적이지도 상상적이지도 상징적이지도 않지만 폐지의 세계인만큼이나 과정적 출현의 **세계**, 즉 우주적 되기인 어머니에 준거한다. 그렇다고 해서 여기서 우리는 융의 보편적 **이마고**의 지배 아래, 혹은 가이아[5] 또는 크로노스[6] 같은 신화학적 본질체의 지배 아래 있지 않다. 입과 가슴이 리토르넬르-작동 인자를 지닌 세계들은 합성적이고 이질적인 방식으로 구성된다. 즉 세계들은 특이한 사건들을 구성한다.

2개월에서 6개월 사이의 핵심적 자아(core self)는 자신의 신체 및 신체적 도식에 자기-정합성을 제공한다. 자기 수용적 여건과 외부 수용적 여건은 상호 보완적이게 되는 반면, 지각 운동의 통합은 환경과 상호 관계하면서 나란히 전개된다. 행동의 **영토**, 물리적 총체화의 영토, 정서(affect) 영역의 영토, 개인의 원(原)-역사성의 영토가 정립되고 공고화된다. 이러한 신체성 **세계**가 우연히 부서지는 것은 긴장병, 히스테리성 마비, 현실감 상실의 느낌, 혹은 편집증적 상태라는 형식 아래 아주 나중에 나타날 것이다. 우리는 그것을 강박신경증에서 우세한 또 다른 죽음——신체의 죽음, 시체, 유기체적 분해——의 모습에서 또한 발견한다.

7개월에서 15개월 사이의 주체적 자아(subjective self)의 구성은 정서성의 구조화와 상관된다. 이른바 조율(attunement)의 변증법은 다른 것들과 공유할 수 있는 정서들과 그렇지 않은 정서들 사이에서 정립된다. 타자는 주체가 스스로 겪는 어떤 것을 경험할 수 있다는 사실에 대한 인식이다. 가족적 특성, 인종적 특성,

---

5) Gaïa. 그리스 신화에서 만물의 어머니로서의 땅을 인격화한 신.〔역주〕
6) Chronos. 그리스 신화에 나오는 올림포스의 주신(主神) 제우스의 아버지. 천공신(天空神) 우라노스와 대지의 여신 가이아의 자식인 티탄신족(神族) 가운데 최연소의 신.〔역주〕

도시적 특성 등 문화적 **무의식**이라 부르는 것들이 바로 이러한 원형–사회적이고 여전히 언어(말) 이전의 **세계**의 핵심에서 전달된다. 이 주체적 영토성은 거울 앞에서 대략 18개월에 자신의 정체성(이름과 대명사)의 호칭에 의해 완성된다.

언어적 자아(verbal self)는 언어적 의미 작용을 타자들과 공유하는 대략 2세 때부터 나타난다. 언어적 자아는 동일시·경쟁·갈등·반항·거부 등의 게임, 항문적이고 교육적인 훈육·금지·위반 및 처벌의 투여로 인칭론적 정체성과 가족 콤플렉스의 구조적 무대를 전개한다. 언어적 자아는 학교 배치와 연관된 문자적 자아로, 그 다음에 생식기적 구성 요소의 침입과 함께 사춘기적 자아로, 청소년기의 자아로, 직업적인 자아 등등으로 대체된다. 작동중인 모든 준거 **세계**들은 일종의 무형적인 실존적 혼합체 속에 서로 포개진다. 이러한 **세계**들 중 하나가 맨 앞에 나서게 될 때 적절하게 말해 타자의 억압은 없을 것이지만, 어쩌면 결국은 맥락적 성좌의 일관성 상실과 어울리는 예비 작업이 있을 것이다. 그리고 이것은 정확히 하나의 논의 주제(topique) 안에 삽입되지도 않고, 에너지적 경제 안에서 균형을 이루지도 못할 것이다. 충동의 모든 은유적 재현은 논의 주제적인 역동적인 차원이든, 혹은 에너지적인 차원이든, 무형적이고 강렬하며 다중 구성 요소적인 이 실존적 **영토**들의 결정화가 지닌 회의적인 성격을 자의적으로 왜곡할 위험이 있다. 예를 들면 이런 관점에서 실수는 억압된 **내용**의 갈등적 표현이 아니라 자기 자신을 발견하려 하며, 마법의 새처럼 창문을 두드리는 **세계**의 긍정적인 지표적 표명이다.

분명히 분열분석은 정신분열증을 흉내내는 데 있는 것이 아니라 정신분열증처럼, 화석화된 모델화 체계를 바꾸는 유일한 방식인 비기표적 주체화의 핵심 지대(foyer)에 접근하는 것을 가로막는 무의미의 장벽을 뛰어넘는 데 있다. 분열분석은 **무의식** 구성체로 들어가는 실용적 진입로를 알맞게 확장하는 것을 의미한다. 예를 들어 어머니기의 유아적 퇴행에만 연결되지 않는 자폐증은 신체 및 투사적 동일시에 직접적으로 집중되는 전이의 개입과는 다른 개입에 쉽게 좌우될 것이다. 실제로 자폐증의 카오스모제적 **세계**는 인칭론적인 어머니의 **이마고**와는 다른 많은 **이마고**로, 즉 식물되기, 동물되기, 우주되기, 혹은 기계되기……로 구성될 수 있다. 따라서 정신병적 콤플렉스는 언어적 소통 및 개별화(개인화)된 전이에만 배타적으로 관련되는 것이 아니다. 정신 이상자의 치료는 제도적 정신 요법의 맥락에서 전이에 대한 새로운 접근을 통해 움직인다. 앞으로 전이에 대한 새로운 접근은 신체의 부분들, 개인들의 성좌, 집단, 제도적 집합체, 기계 체계, 경제적 기호 등(전이의 접목)으로 향할 것이며, 욕망하는 되기로서, 즉 하나의 독특한 본질체로 제한할 수 없는 정념적인 실존적 강렬도로서 이해될 것이다. 그와 같은 치료적 접근의 목적은 환자의 신체적·생물학적·심리적·사회적 영토를 재조성하는 데 제공되는 수단의 범위를 가능한 크게 넓히는 것이다. 그러한 치료는 신체성에 몸짓과 태도, 안면성 특징, 그리고 다니엘 스턴이 기술한 언어 이전의 배치 수준에 연결된 공간성에 관련된 복수적인 기호적 벡터들의 효과에 개입할 것이다. 자기 생산적이고 횡단적인 사회적 기계들의 총체로 취급되는 치료 제도는, 개별화된 주체성을 다시 재단하고 자신도 모르게 자신을 움직이는 이 벡터들을 식별할 수 있는 데에 적합한 장이 될 수 있을 것이다.

예를 들면 보르드 정신병원에서 병원의 부엌을 이루는 제도적 하위-집합체를 생각해 보자. 이 집합체는 아주 이질적인 사회적 차원, 주체적 차원, 기능적 차원을 결합했다. 이 **영토**는 자기 자신에 갇힐 수 있고, 각자가 자신의 작은 리토르넬르를 기계학적으로 수행하는 상투적인 태도와 행위의 장소가 될 수 있다. 그러나 리토르넬르는 생명을 얻어 실존적 축적기, 충동 기계(단지 구순적 차원만이 아닌)를 또한 촉발시킬 수 있으며, 이 기계는 그 활동에 참여하거나 그냥 지나쳐 갈 뿐인 사람들에게 영향을 끼칠 것이다. 그때 부엌은 작은 오페라 무대가 된다. 그 속에서 사람들은 모든 종류의 도구를 이용하여, 즉 물과 불, 과일 파이와 쓰레기통, 특권 관계와 복종 관계를 이용하여 말하고 춤추고 논다. 요리하는 장소로서의 부엌은 물질적 흐름과 신호적 흐름, 그리고 모든 종류의 서비스 교환의 중심이다. 그러나 **흐름**의 이러한 대사 작용은 배열 장치 전체가 정신이상자들의 언어 이전적 구성 요소를 수용하는 구조로서 유효하게 기능한다는 조건에서만 전이적 범위(영향력)를 지닐 수 있을 것이다. 분위기, 맥락적 주체화의 이러한 동력원은 이 제도적 하위-집합체가 그밖의 제도에 대해 지닌 개방도(횡단성 계수)에 따라 지수화된다. 그 결과 환상의 기호화——예를 들어 '페레 루스트쿠르'[7]를 부활시킨 주방장——는 외부적 작용 인자들에 의존한다. 이런 관점에서 부엌의 바람직한 기능 작용은 제도가 지닌 부분적인 주체

---

7) Père Lustucru. 요리 광고의 인물이다. [역주]

화의 다른 핵심 지대들(식단위원회 활동, 주방 · 온실 · 정원 · 술집 · 스포츠 활동에 관한 일상 정보지, 요리사들과 그들이 함께하는 환자들에 관한 의사 사이의 모임……)과 부엌의 접합과 분리될 수 없다. 그 결과 부엌과 같은 제도적 하위-집합체에 접근하는 정신이상자는 가공된 언표 행위 지대를 횡단한다. 이 언표 행위는 종종 어느 정도 자기 자신에 갇히고 역할 및 기능에 복종할 수 있지만, 정신이상자를 실존의 덫에서 벗어나도록 도와 주는 타자성의 **세계**와 직접적으로 접촉할 수 있다. 정신이상자가 주도권을 쥐고 책임을 받아들이는 것은 자발적 결정 방식에 의해서라기보다는 무의식적인 언표 행위의 집합적 배치의 유도에 의해서이다. 집합적(collectif)이라는 것은 여기서 집단과 동의어가 아니라는 점을 강조하자. 그것은 한편으로 인간의 상호 주체성의 요소를 포함하지만, 또한 다른 한편으로 개인 이전의 민감하고 인지적인 모듈(module), 미시-사회적 과정, 사회적 상상계의 요소들을 포함하는 규정이다. 집합적인 것은 비인간적이고 기계적이며 기술적이고 경제적인 주체 구성체들에 동일하게 작용한다. 따라서 집합적인 것은 이질적 복수성이란 용어와 동의어이다. 그러므로 제도적 정신 요법의 맥락에서 너무나 도식적으로 보호자/피보호자 관계라고 부르는 것은 다음과 같은 이질적인 차원들로 분해된다. 1) 질병학적 관점에서 엄격히 한정된 문제들과 관련된 정신의학적 지식 및 기술의 차원. 2) 영원히 가공되는 집합적 영토 안에 있는 사회적 활성화의 차원. 3) 정신병의 **세계**가 나타내는 실존적 차이에 대한 정념적 이해[파악]의 차원. 지식은 집합적인 사회적 삶이 녹이는 경향이 있는 간격을 정립하는 반면, 실존적 휴식(休息)은 더욱 친밀하고 수수께끼 같은 관계를 작동시킨다. 이 영역에서의 훈련[양성]은 비교적 조화로운 방식으로 이 세 가지 차원을 접합하는 데 있다. 왜냐하면 정신병에 카오스모제적으로 빠져든 후에 사회체(socius) 및 진료 기술로 되돌아오는 시간이 단연코 가장 불확실하기 때문이다.

가장 자폐적인 심리적 세계는 그 자체로는 타자성의 소재에서 결핍되어 있지 않다. 단지 그것은 지배적인 사회성의 배치와 연결되지 않은 **세계**들의 성좌에 개입해 있을 뿐이다. **세계**의 구성 요소들 중 몇 개에 일관성을 제공할 매개체들이나, 전에는 실존하지 않았던 여타 구성 요소들의 집계를 통해 정신이상자에게 연결선[다리]들을 던질 수 있다. (주체에게 알려지지 않은 표현 소재들, 가령 조형 예술·비디오·음악·연극 혹은 아주 단순하게⋯⋯ 요리에 관련된 것들의 도입을 통해!) 분열분석적 지도 제작법은 일관성이나 실존을 결핍한 그런 요소들을 식별할 수 있는 능력에 있을 것이다. 그러나 분열분석적 지도 제작법에서는 어떤 기존 이론의 지지도 받지 못하는 본래 불안정한 기획이, 지속적인 창조가 중요하다. 같은 예를 들어 보면, 보르드 병원 부엌의 언표 행위적 출현은 제때의 보증도 없이 부분적 분석가(analyseur)의 역할을 하게 될 수 있다. 그런 층위의 자기 생산적 성격은 영속적으로 배치를 개조할 것, 비기표적 특이성들——비위에 거슬리는 환자들, 해결할 수 없는 갈등들——을 수용할 수 있는 자신의 능력을 입증할 것, 외부로의 자신의 횡단적 개방을 끊임없이 재조정할 것을 요구한다. 집단, 모임, 작업장, 활동, 책임감, 자발적 성좌, 개별적 책임을 포함하는 부분적인 언표 행위의 핵심 지대들의 연결망[네트워크]만이 엄밀하게 제도분석가의 자격을 차지할 수 있을 것이다. 사무실에서 정신치료사의 일은 오직 이러한 복잡한 배열 장치의 고리일 뿐이며, 개별화된 전이는 앞에서 환기시켰던 전반화된 전이의 한 요소일 뿐이다. 분열자가 주체적 개별화와 더불어 정박지를 파괴한 것과 마찬가지로 **무의식**분석은 내가 기계적이라 부르지만 인간적인 것 이상인, 니체적 의미에서 초인적인 비인간적 주체화 과정에 다시 집중해야 한다.

이 새로운 형태의 절차는 정신병 환자의 분석을 위한 것일 뿐만 아니라 장 우리[8]의 적절한 표현에 따르면 신경증 환자, 성격 이상자, 규범이탈자에게도 관련될 수 있다. 그것은 교육학, 지역 사회의 삶, 제3세대 생태학의 영역에서, 즉 분자 혁명의 전범위에서 미래의 분석적 배열 장치에 대한 문제 제기이자 현재의 사회적 사막화[황폐화]에서 벗어나려는 움직임이다. 따라서 분석에 대한 메타 모델화하는 이론적 재조성의 내기[시도]가 그만큼 더욱더 중요하다. 그것은 무형적 **세계**와 특이화하고 이질적인 되기들에 대한 파악을 억제하고 황폐화하는, 정신분석이 지닌 보편적이고 초월적인 개념들에 대한 거부를 일차적으로 함의한다. 이와 관련하여 나는 라캉의 **기표** 개념이 특히 정신병을 지도 제작하는 데 맞지 않는 도구라고 생각한다. 그것은 대중 매체, 정보학, 새로운 정보 통신 수단, 교환 · 대체 · 소통의 '주루적(dromosphérique)'(폴 비릴리오[9]) 속도의 팽창에 입각해서 발달

---

8) Jean Oury. 보르드 정신병원의 주도적인 의사였다. 가타리 · 토스켈 등과 함께 새로운 정신 요법을 실험하였다. Jean Oury, Félix Guattari, François Tosquelles, 《Pratique de l'institutionnel et politique》, Matrice éditions, 1986. [역주]

하는 기계적 주체성의 형식에는 훨씬 더 맞지 않는다. 라캉의 기표는 기호계들을 동질화하며, 기호계들의 대다수가 지닌 다차원적 성격을 상실한다. 소쉬르의 구조주의에서 유래된 근본적인 선형성으로 인해 라캉의 **기표**는 부분적 언표 행위의 핵심 지대가 지닌 정념적이고 비담론적이며 자기 생산적인 성격을 파악할 수 없다. 하나의 인상 기록적인 논제(topos)는 강렬한 **영토**들에 특성을 부여하는 논제–횡단적인 혼합물의 차원을 전혀 드러내지 않은 채 또 다른 인상 기록적인 논제를 항상 가리킨다.

이 논제를 18개월 된 아이의 놀이에 대한 프로이트의 유명한 관찰에 관한 라캉의 재독해로 설명해 보자. 아이의 놀이는 실 끝에 달린 실패를 가장자리에 커튼이 달린 침대 밖으로 던지는 것이다. (아이는) 실패가 사라지면 '우우우우' 하는 소리를 내는데, 프로이트는 이 소리를 독일 어른의 말로 '**사라진**(Fort)'으로 옮겼고, 실패가 다시 나타날 때 아이가 내는 '우우우우' 하는 소리는 '**저기에**(Da)!'로 옮겼다.[10] 프로이트는 아이가 이 **사라진–저기에**(Fort–Da) 리토르넬르를 사용해 어머니의 떠남, 부재, 되돌아옴을 끊임없이 재연한다고 생각했다. 무엇보다 프로이트는 거부의 일차적 추이(장면)를 강조하는데, 그것은 매우 중요하며 고통스러운 특성을 지닌 것이라고 생각했다. 프로이트는 반복에서 오는 이런 종류의 기쁨(그에 따르면 그것은 유년기에 고유하다.

---

9) Paul Virilio. 정치나 권력 문제를 속도의 측면에서 분석하였다. 주루학 (dromologie)은 속도와 부(권력)가 연결된 측면을 분석한다. 20세기 들어서는 정보 전달의 속도를 높이는 가속화가 정치의 핵심이 된다고 본다.(역주)

10) Freud, 〈Essais de psychanalyse〉, 《Au–delà du principe du plaisir》, Payot, Paris, 1966, p.15.(박찬부 옮김, 《쾌락의 원칙을 넘어서》, 열린책들, 1997)

반면 어른들은 새로운 것을 욕망하는 경향이 클 것이다)을, 예를 들면 사람들이 어떤 외상(트라우마)적인 신경증 속에서 발견하는 우연한 꿈들의 반복 혹은 정신분석적 전이 속에서 무한히 압박하는 정서의 반복과 관련시켰다. 프로이트는 대체로 그것을 자신이 사디즘, 마조히즘, 양가성, 공격성, 그리고 대부분의 신경증 속에서 작동중인 반복 강박(Wiedeerholungszwang)이라고 부른 것의 탓으로 돌렸다. 이 강박은 자극의 완전한 제거를, 그리고 긴장 및 갈등의 소멸을 향한 (그가 종종 악마적이라고 불렀던) 억누를 수 없는 경향을 나타낸다. 프로이트의 경제학은 더 이상 고통스러운 상태를 유쾌한 상태로 대체하려는 경향이 있는 쾌락 원리에 반응하지 않을 것이다. 왜냐하면 프로이트의 경제학이 고통스럽지 않은 상태를 무한히 반복하기 때문이다. 프로이트의 경제학은 오히려 이 쾌락 원리를 죽음 충동에 복종시키는 것에, 즉 삶은 스스로 비유기적 상태로 되돌아간다고 가정하는 경향에 일치할 것이다. 삶의 충동은 죽음의 방향에 있는 일시적인 우회일 뿐이라는 것이다. 라캉이 자신의 《작품집》[11]에서 **사라진-저기에** 리토르넬르를 불러냈을 때, 그는 더 이상 어머니의 부재를 고려하지 않는다. 그에 따르면 그것은 본질적으로 엄폐 놀이와 두 음소를 교대로 나누어 읽기 사이의 교차의 문제이다. 대상의 회귀에 대한 기다림은 '두 가지 기초적인 기도의 상징적 커플(짝짓기) 속에서' 형태를 이루는 '예상적인 도발'로 나타나며, 주체 속에서 '현존 언어로 하여금 공시적 구조를 아이의 동일시에 제공하도록 하는 음소의 이분법이 지닌 통시적 통합'을 예고한다.

---

11) Lacan, 《Écrits》, Seuil, Paris, 1966, p.319.

프로이트가 아이의 콤플렉스 놀이를 어머니의 부재로 환원시키고 그것을 죽음 충동에 부속시킨 반면, 라캉은 그것을 '현존 언어'의 기표적 담론성에 묶어둔다. 죽음에 의해 다시 특징지어진 존재의 이 순진무구한 리토르넬르를 너그럽게 봐주지 않는 것은, 라캉이 이 상징과 관련하여 그것은 '무엇보다도 사태의 살해로서 나타나고, 이 죽음은 주체 속에 그의 욕망의 영원화를 구성한다'라고 언급했기 때문에 더욱 헤겔적인 방식에서 진실이다. 그러므로 실패, 실, 커튼, 관찰자의 주시 등 언표 행위 배치의 이 모든 특이한 특성들은 **기표**의 함정에 빠진다. 라캉은 아이가 이 리토르넬르를 통해 무수한 가상적인 반향을 가진 예상치 못한 가능한 것의 **세계**에 다가간다고 생각하기보다, 오히려 이 리토르넬르를 '유아적 주체보다 앞서 실존하고 유아가 자기 자신을 구조화해야 할 때 따르는 상징적 질서의 삽입점'[12]으로 규정한다. 여기서 구조는 리토르넬르에서 모든 자기 생산적이고 창조적인 특성들을 제거하는 작동중인 기계에 선행하며 그 기계를 감춘다. 상징적 질서는 결정론적인 납 망토처럼, 죽음의 운명처럼 무형적 세계의 가능한 분기들을 짓누른다. 라캉이 언급한 욕망의 영원화는 화석화이며, 더욱이 그는 다음 이어지는 구절에서 무덤은 사람이 인간성〔인류〕을 인식하는 첫번째 상징이라고 언급한다.

분열분석은 프로이트처럼 **사라진−저기에** 리토르넬르를 어머니와 관련한 좌절감에, 그리고 보편적인 삶과 죽음의 원리에 의

---

12) **Lacan**, 앞의 책, p.594.

존하는 것으로 여기지 않았고, 라캉처럼 초월적인 기표적 차원에 의존하는 것으로 여기지도 않았다. 분열분석은 **사라진-저기에** 리토르넬르를 욕망하는 기계로 간주하는데, 여기서 욕망하는 기계는 언어적 자아의 배치——여타의 출현적 자아, 핵심적 자아, 주체적 자아의 배치들과 공생하는——를 향해 움직이고, 그럼으로써 위니캇[13]의 과도적〔이행적〕공간과는 구분되는 대상·촉감·공간성을 새롭게 제어해 나간다. 프로이트가 지적했듯이 **사라진-저기에**는 다른 행위들 속에서도 발견되며, 그것은 어머니의 실질적인 부재나 아이가 나타났다 사라졌다 하는 거울 속 자기 자신의 이미지와의 놀이와 관련하여 표현될 수 있다. 사실상 비록 **사라진-저기에**에 명백하게 참여하지만, 어머니의 입술의 정지에도 언어의 정지에도 정말 고정될 수 없는 풍부하고 다가적이며 이질적인 기계가 문제이다. 그러한 기계는 모든 것이자 또한 다른 것들이다! 우리는 여기서 죽음의 반복이라는 기계학적 관념과 과정적 열림이라는 기계적 관념 사이에서 선택해야 한다.[14] 자동 반복 체계와 죽음 충동의 관계에 대한 프로이트의 예감 속에는 천재적인 특징이 있는데, 나로서는 오히려 죽음 충

---

13) Winnicott, 《La psychanalyse》, tome V, P.U.F., Paris, 1959.〔원주〕
위니캇은 젖먹이 어린이가 최초의 구순적 대상인 엄마의 가슴과도 구분되며, 어린이 자체의 주체성으로부터도 분리되어 있는 대상을 특징짓기 위해 '과도적 대상' 이란 개념을 제시하였다. 위니캇, 이재훈 옮김, 《놀이와 현실》, 한국심리연구소, 1997.〔역주〕
14) 가타리는 기계학(mécanique)과 기계론(machinisme)을 구분한다. 기계론은 기계들의 접속에 초점을 맞추고, 그래서 기계들이 서로 밀고 당기는 새로운 가능성의 선들을 만들어 내지만, 기계학은 상대적으로 폐쇄적이고 외부 흐름과 단절된 코드화된 관계만을 가지는 것으로 생각한다.〔역주〕

동이 모든 욕망하는 기계들에 존재하는 폐기 욕망을 떠맡았다고 말하고 싶다. 두 가지 구별되는 충동, 즉 **에로스와 타나토스**[15] 사이에는 대면이나 내밀하게 얽힌 관계가 없지만, 카오스〔혼돈〕와 복잡성 사이에는 무한한 속력으로 서로 오가는 것이 있다. **사라진**은 카오스적인 침몰이며, **저기에**는 차별화된 복잡성의 장악이다. 충동은 '죽음 충동'이 그렇듯이(이것이 프로이트가 충동을 묘사하고 싶어하는 방식이다) '보수적'이지 않다. 실수에 대한 강조, 살 속에 있는 가시의 영원 회귀, 종종 신경증적 '힘'을 지닐 수 있는 악마적 운명의 출현은 배치의 일관성 상실의 지속에서, 혹은 사람들이 더 좋아한다면 일관성 상실의 일관성(재영토화)에서 기인한다. 카오스모제적 내재성으로의 침몰은 가장 하찮은 약점마저 항상 노리고 있다. 그러한 침몰의 현존은 다소 강렬하게 불안정한 상황들——참을 수 없는 부재, 사별, 질투, 유기적 파손, 우주적 현기증……——을 따라다닌다. 그러한 불안정한 상황들에 대응하는 주술〔엑소시즘〕의식은 고착의, 물상화의 리토르넬르가, 고통 혹은 불행에 집착하는 충성의 리토르넬르가

---

15) 에로스(Eros)는 고대 그리스 신화에 나오는 사랑의 신이며, 기원전 7-6세기 서사시에서는 무서운 힘과 예측할 수 없는 습격을 하는 신, 사랑의 쾌락과 미(美)의 신으로 생각되었다. 그에 반해 타나토스(Tanatos)는 명계(冥界)의 신, 사자(死者)의 나라의 지배자인 동시에 지하의 부(富)를 인간에게 가져다 준다고 해서 로마 신화에서는 플루톤〔富者〕이라고도 하였다. 한편 프로이트는 1920년 정신분석 용어로서 에로스라는 말을 사용하였으며, 에로스는 일종의 에너지와 같은 것이어서, 그 목적은 생명을 보존하고 추진시키는 데 있다. 그것이 성(性)의 본능과 결부될 때에는 리비도가 되고, 자기 보존의 본능과 결부될 때는 자아(自我) 리비도로 나타난다. 또한 그는 에로스를 생명의 극한이라고 한다면, 그 반대의 극한은 죽음의 본능(타나토스)이라고 말하였다.〔역주〕

될 수 있다. 확실히 우리는 여기에서 아이의 아마도 행복한 **사라진-저기에** 리토르넬르로부터 먼 곳에 있다. **기표**의 초월성의 **무의식**——맥락의 '사태들'의 살인자——처럼, 삶 충동과 죽음 충동의 이원론적 가설의 **무의식**은 자신이 자신의 내재성을 상실하게 만들어 버림으로써 카오스모제적 폐지를 화석화한다. 그러한 무의식은 카오스모제적 폐지를 죽음의 부정성으로, 죽은 대상[시체]으로 변형시킨다. 발화[랑그]의 자본주의적이고 환원론적인 특정한 사용은 카오스모제적 폐지를 별개의 이항적 본질체의 기표적 선형성의 상태에 이르게 한다는 것은 진실이다. 여기서 별개의 이항적 본질체는 중립적인 '지시 대상'의 상태로 환원된 **내용**의 다의미적인 특질을 질식시키고 침묵시키며 무력화시키고 죽인다. **표현**을 기호적 이질성 속에서 재충전하고 막스 베버가 비난한 현세계의 환멸[각성], 마법 풀기[탈신비화], 탈시(詩)화에 반대해 가는 것이 바로 분석의 임무가 아닐까?

4

분열적 카오스모제[1]

  망상〔정신착란〕의 견지에서의 '정상성,' 프로이트의 일차적 과정[2]의 법칙 아래에서의 기술 논리, 지배적인 균형에서 멀리 떨어져 있는 주체성을 묘사하고 주체성이 지닌 특이성·출현·갱신의 가상선들을 포획하기 위한 카오스를 향한 2인무, 이것들은 디오니소스적 영원 회귀인가, 아니면 정령의 부활에 의해 연장된 역설적인 코페르니쿠스적 전환인가? 적어도 끊임없이 화제가 되고 탈근대적 용서의 희망이 없는 근대성의 독창적인 환상이다. 항상 동일한 아포리〔난점〕, 즉 자신의 낯섦에 갇히고 회귀하지 않은 채 타자성 속에 물상화된 광기는 우리의 진부하고 일상적인 세계 이해에 거주한다. 그러나 우리는 더 나아가야 한다. 즉 광기 속에서 자신의 특권적인 표현들 중 하나를 발견하는 카오스적 현기증은 주체-대상 관계의 창안적 지향성을 구성한다. 정신병은 세계-내-존재의 본질적인 동력을 적나라하게 드러낸다.

  사실상 정신병의 존재 양식에서──그러나 또한 여타의 양태

---

  1) Chaosmose. Chaos(혼돈)와 〔Cosmos(질서)〕, Osmose(상호 침투)의 결합어. 카오스와 복잡성 사이에서 일어나는 조직화 과정을 설명하기 위해서 가타리가 만들어 낸 신조어이다.〔역주〕
  2) 꿈의 해석에서 왜곡되고 가공되기 이전의 꿈 과정을 말한다.〔역주〕

들에 따라, 유아기의 '출현적 자아'(다니엘 스턴)의 양태에서 혹은 미학적 창조의 양태에서——우선하는 것은 주체의 무대 전면에서 담론성보다 '앞선' 현실의 침입이며, 현실의 정념적 일관성은 문자 그대로 당신의 목구멍에 달려든다. 이러한 현실이 고정되고 화석화되며 병리학적 사건에 의해 긴장병이 된다고 생각해야 하는가, 아니면 사실상 현실은 가정된 상징적 거세의 권리 상실의 대가로 활성화되기를 기다리면서 항상——과거와 미래——거기에 있었다고 생각해야 하는가? 아마도 이러한 두 가지 관점에 양다리를 걸치는 것은 불가피할 것이다. 즉 현실은 개방적인 가상적 준거로서 이미 거기에 있었고, 동시에 특이한 사건의 독자적 생산으로서 발생한다.

구조주의자들은 신경증의 **상상계**와 정상성의 **상징계**(le Symbolique)와 관련하여 정신병의 **현실계**(le Réel)를 위치 설정하는 데서 너무 성급했다. 그들이 거기서 얻은 것은 무엇인가? 현실계·상상계·상징계——그 자체 각각 하나의 단위로 간주되는——라는 보편적 수학소들을 세우는 가운데 구조주의자들은 내기의 복잡성을, 즉 수많은 상상적 **영토**들로부터 조립되고 가장 다양한 방식으로 기호화되는 현실적-가상적 **세계**들의 결정화를 물상화했고 축소하였다. 현실의 복합체들, 즉 예를 들면 일상생활, 꿈, 열정, 망상, 우울증, 미학적 경험의 복합체들은 모두 동일한 존재론적 색깔을 갖고 있지 않다. 게다가 복합체들은 수동적으로 감내하지 않고 다른 층위들에 기계학적으로 접합되지도, 혹은 변증법적으로 삼분할되지도 않는다. 일단 자기 생산적 일관성의 특정한 문턱들을 넘게 되면, 이러한 현실의 복합체들은 스스로 움직이기 시작하면서 부분적 주체화의 핵심 지대들을 구성한다. 복합체의 표현 도구(기호화, 코드화, 촉매, 주조, 공명, 동일시의 표현 도구)들이 단일한 기표 경제가 될 수 없다는 것을 강조해 두자. 제도적 정신 요법의 실천은 현실적이거나 가상적인 이러한 복수적 울혈들을 집적하는 다양한 양태성을 우리에게 가르쳐 준다. 즉 신체의 울혈들 및 체세포의 울혈들, 자아의 울혈들 및 타자의 울혈들, 체험된 공간의 울혈들 및 일시적 리토르넬르의 울혈들, 가족적 사회체의 울혈들 및 가능한 것의 다른 장들을 열기 위해서 인위적으로 가공된 사회체의 울혈들, 정신 요법적 전이의 울혈들 혹은 음악·조형물·동물되기·식물되기·기계되기 등에 속하는 비물질적 **세계**의 울혈들까지도.

임상에서 나타나는 모습 속에서 정신병적 현실의 복합체들은 과도한 얼굴 및 제한된 경험들을 드러낸다는 점에서 다른 존재론적 생산 양식들에 대한 특권적인 탐색 경로를 구성한다. 그러므로 정신병은 신경증과 도착뿐만 아니라 모든 형태의 정상성에 붙어다닌다. 정신병의 병리학은 X라는 이유로 예기된 왕복(오기-가기)들과 주체적 언표 행위를 만들어 내는 상이한 양식 사이의 '정상적인' 다성적 관계들이 반복——내가 카오스적이라고 기술했고, 분열자-편집자-조증자-간질병 등 모든 범위의 빛깔을 취할 수 있는 실존적 울혈에 대한 배타적인 강조——에 의해 자신들의 이질성을 타협적인 것으로 바라본다는 점을 여기서 확인한다. 다른 모든 곳에서도 이 울혈은 회피, 전위, 오인, 왜곡, 과잉 결정, 의례화……를 통해 파악될 뿐이다. 이러한 조건에서 정신병은 현실의 최면 상태로 규정될 수 있다. 여기서 즉자적 존재의 의미는 강렬한 연속체를 통해 독특하게 배치된 모든 담론적 도식에 앞서 있으며, 이 강렬한 연속체의 구별되는 특징은 재현 장치에 의해서 알 수는 없고, 정념적이고 실존적인 흡수, 즉 자아 이전의, 동일시 이전의 집적〔혼합〕에 의해서 지각될 수 있다. 정신분열자가 이런 카오스적인 열림의 한가운데에 놓이는 한, 편집증적 망상은 정신분열자를 점유하고자 하는 무한한 의지를 표명한다. 그들 편에서는 열정적인 망상(Sérieux, Capgras 그리고 de Clérambault[3])은 덜 닫히고 더 과정적인 카오스모제를 독차지하려는 의도성을 나타낸다. 도착은 환상적 시나리오에 의해 원격 유도된 통제된 카오스모제를 외부적으로 구현할 힘을 부여받게 되는 타자성의 극들의 기표적 재구성을 이미 포함한다. 신경증 환자에 관한 한 그들은 앞에서 말한 모든 회피의 변이체들을 보여 준다. 〔그리고〕 그들은 가장 단순한 것과 가장 물상화하는 것, 즉 혐오증의 변이체들에서 시작하여 사회적 공간 및 신체 속에서 변이체들의 대체물을 만들어 내는 히스테리를 거쳐 자신으로서는 끊임없는 시간적 '차연(différance)'(데리다),[4] 무한정한 지연을 감추는 강박신경증으로 끝맺는다.

이러한 카오스모제적 내재성이란 주제와 몇 가지 질병학적 변

---

3) 프랑스의 정신분석학자들이다.
4) 데리다가 독자적으로 만들어 사용한 용어이다. 데리다에 따르면, 'différance(디페랑스)'는 프랑스어 'différence(차이)'의 어미 '-ence'를 '-ance'로 바꾸어서 만든 것으로, '다르다'라는 의미와 '연기하다·지연시키다'라는 의미를 모두 가지고 있는 프랑스어 'différer(디페레)'의 명사형으로 만든 것이다. 그래서 차연은 차이(변별성)라는 개념뿐만 아니라 연기 또는 지연이라는 의미도 나타낸다. 이 개념은 텍스트의 의미는 궁극적으로 결정되어 있거나 확정할 수 있는 것이 아니라 언어의 의미 작용 연쇄 속에서 하나의 대체 가능한 언어 해석으로부터 다른 해석으로 지연된다는 것을 주장하려는 것이다.〔역주〕

이체들을 더욱 발전시킬 필요가 있다. 여기서는 정신병에 대한 적절한 존재론적 파악은 결코 단순한 카오스적 퇴화, 엔트로피의 사소한 증가와 동의어가 아니라는 생각을 끄집어 내기 위해서 그것들을 소개할 뿐이다. 카오스와 복잡성을 조화시키는 것이 문제가 아닐 것이다. (《꿈의 해석》에서 그 방식을 보여 준 것이 프로이트의 공적이다.) 왜 존재론적 지시 대상들의 동질발생과 이를 넘어서 다른 주체화 양태들의 잠재적인 동질발생을 카오스적이라고 하는가? 그것은 모든 것을 고려할 때 의미의 복합체를 만들어 내는 것이 항상 맥락적 복수성 전체를 단단하고 직접적으로 점유하는 것을, 전적인 미분화 또는 오히려 탈–분화 속에서의 융합을 의미하기 때문이다. 세계는 가령 주체의 위치성이 구현되는 중심〔배꼽점〕이, 파괴 · 탈전체화 · 탈영토화의 지점이 존재한다는 조건에서만 구성될 뿐이다. 카오스모제의 그런 핵심 지대의 효과로 인해 차별적인 조건들, 구별되는 대당들, 담론성의 극들의 총체가 일반화된 접속성, 중성적인 변이성, 체계적인 자격 상실의 대상이 된다. 동시에 압력이 감소한 이러한 공포(空胞)는 실존적 **영토**들 및 무형적인 준거 **세계**가 스스로를 끊임없이 재긍정하고 뒤얽히게 만들며 일관성을 요구하고 발전시키는 근거인 자기 생산의 핵(noyau)이다. 카오스적 '장악(grasping)'의 상태와 세상의 좌표 안에 고정된 복합체들의 전개 사이를 무한 속도로 이렇게 왕복하는 것은 시간과 공간에 앞서, 시간화와 공간화의 과정에 앞서 발생한다. 그러므로 의미 구성체와 사태는 그들의 복잡성을 실존하게 하는 바로 그 동일한 운동 속에서 카오스화된다. 자신의 구성, 유기체성, 기능성, 타자성의 관계를 카오스적으로 손상시키는 특정 양태가 항상 세계의 뿌리에 있다.

프로이트의 메타심리학과 달리 여기서 우리는 삶과 죽음, 복잡성과 카오스라는 두 가지 적대적인 충동을 대립시키지 않을 것이다. 가장 독창적인 대상 지향성은 카오스모제의 근거 위에서 뚜렷하게 드러난다. 그리고 카오스는 순수한 미분화가 아니며, 특정한 존재론적 틀을 지닌다. 보편적인 것이 전혀 아닌 가상적 본질체들 및 타자성의 양태들이 카오스에 서식한다. 따라서 정신병의 카오스모제적 경험 속에, 혹은 한 사람이 정신병과 더불어 시작할 수 있는 정념적 관계 속에 침투하는 것은 **존재** 일반이 아니라, 이미 지층화된 의미 작용을 변화시키며 운명을 나타내며 서명되고 날짜가 적힌 사건이다. 그런 자격 상실 및 존재론적 동질발생의 과정 후에는, 전에 존재했던 것처럼 실재하는 것은 결코 없을 것이다. 그러나 사건은 드러난 존재의 직조와 분리될 수 없다. 이것은 세계의 종말에 대한 파국감(프랑수아 토스켈[5])과 모든 가능성의 임박한 회수에 대한 전복 감각을, 혹은 달리 말해 의미의 증식하는 복잡성과 완전한 진공 상태인 실존적 카오스모제에 대한 결정적인 절대 고독감 사이의 놀라운 왕복을 연결하는 정신병적 아우라(aura)가 입증한 것이다.

망상 · 꿈 · 정열에 대한 정념적 파악 속에서 알아야 할 것은 존재론의 화석화, 즉 특별한 스타일에 따라 드러나는 현존재의 이질발생에 대한 실존적 젤리화(응고화)는 다른 주체화 양태에 항

---

5) François Tosquelles. 스페인인으로 게릴라 활동을 하다가 프랑스로 넘어와 보르드 정신병원에서 가타리 · 장 우리와 함께 새로운 정신분석 실험을 했다.(역주)

상 잠재하고 있다는 것이다. 존재론적 화석화는 카오스모제적 구성 요소들의 다성성[다성 음악] 속에서 자신의 토대(혹은 저음부) 위치를 드러내며 동시에 상대적인 역능을 강화하는 정지 화면 같다. 그러므로 존재론의 화석화는 주체화의 영도, 즉 부정점·중립점·수동점·결핍점을 구성하는 것이 아니라 극도의 강렬화를 구성한다. 다른 어떤 것이 가능하게 되고, 존재론적 분기들 및 과정적 창조성 계수가 출현하는 것은 이러한 카오스적 '대지화,' 이러한 위험한 진동을 거치면서 나타날 수 있다. 정신이상자가 이질적 회복 능력이 없다는 사실은 그럼에도 불구하고 그가 대면하게 되는 존재론적 실험의 풍부함을 부인하지 않는다. 이것이 준거 **세계** 및 비담론적 실체의 결정화 위에서 완성되는 담론적 역능으로서의 망상적 서사성으로 하여금 신화적 세계, 신비적 세계, 미학적 세계, 심지어 과학적 세계의 구축 및 재구축의 패러다임을 구성하게 하는 이유이다. 카오스모제적 울혈의 실존은 결코 정신병리학의 특권이 아니다. 사람들은 파스칼의 철학이나, 심지어 가장 합리주의적인 저자들의 철학의 중심에서 울혈의 현존을 알아본다. 코기토[6]와의 아주 긴급한 조우에 앞서고, **신**(Dieu)과의 재결합 및 세계의 재창설에 뒤이은 데카르트의 보편적 회의의 귀결은 이러한 분열-카오스적 환원에 가까울 수 있다. 즉 악마가 복잡성과 타자성을 유혹해서 항복하게 만든다

---

6) Cogito. 나는 생각한다, 고로 나는 존재한다(Cogito ergo sum). 이것은 프랑스의 철학자 데카르트가 방법적 회의 끝에 도달한 철학의 출발점이 되는 제1원리이다. 다른 모든 사물은 의심할 수 있어도 의심하고 있는 나의 존재는 의심할 수 없다. 의심하고 있는, 다시 말해서 사유(思惟)하고 있는 순간에 내가 존재하지 않는다고 할 수는 없다는 것이다. 가타리는 '생각하는 주체로서의 나'를 의미할 때 코기토라는 개념을 쓰고 있다.[역주]

는 사실은, 만일 그렇지 않으면 튼튼해질 시간-공간적 좌표로부터 탈출할 부가적인 역능을 주체성에 제공한다. 더욱 일반적으로 우리는 의미의 허탈(虛脫)이 자기-일관적인 세계의 존재론적 직조에 헌신하는 비기표적 담론성 연쇄들을 촉진하는 것과 항상 연관될 것이라고 생각할 수 있다. 그러므로 사건적인 파열이 존재의 중심에서 발생하며, 바로 그곳에서부터 새로운 존재론적 돌연변이들을 낳을 수 있다. 코드들, 신호들, 기표들과 관련한 구별되는 대당들, 통사들, 의미론들은 자신들이 생겨난 지층에서만 순찰을 돈다. 망상 속에서처럼 신호계들과 기호계들은 이륙한다[벗어나 버린다]. 분열적 카오스모제는 이질적 지층들에 횡단적으로 작용하는 추상 기계를 지각하기 위한 수단이다. 복잡한 이질발생에 접근하는 길일 수 있는(그러나 이것은 결코 기계학적으로, 혹은 변증법적으로 보장되지 않는다) 카오스모제적 동질발생을 통과하는 것은 반투명의 미분화된 존재의 지대를 구성하는 것이 아니라, 존재론적 창조 체계의 허용될 수 없는 핵심 지대를 구성한다.

분열적 동질발생은, 이 세계에 자신의 다양성을 제공하고 주체성에 자신의 기분 전환(파스칼의 의미에서[7])을 제공하는 존재론적 이질발생을 파괴함으로써 카오스모제의 횡단 역능, 지층을 횡단하고 장벽을 돌파할 카오스모제의 재능을 악화시킨다. 마치

---

7) 파스칼은 1651년 아버지가 죽은 후 여동생이 수도원으로 들어간 것과는 달리, 귀족들과 친교를 맺고 사교계에 뛰어들어 인생의 기쁨을 추구하였다. 노름에서 딴 돈을 공정하게 분배해 주는 문제에서 확률론을 창안하기도 하였다. 나중에는 사교계에 대한 혐오감이 점점 싹터 결정적인 회심의 환희를 체험하고 수도원의 객원(客員)이 되었다.[역주]

무심코 자신들과의 대화자의 가장 비밀스러운 의도를 폭로하고, **무의식**을 열린 책처럼 어떻게든 읽어내는 많은 정신분열증 환자들에게서 자주 관찰되는 능력. 분열적 동질 발생의 기표적이고 담론적인 압박에서 해방된 복잡성은 무언의, 부동의, 무감각적인 추상 기계의 춤에서 구체적으로 표현된다. 우리는 분열자의 낯섦, 생명감의 상실을 우울증으로, 발작 증상(glischroïdie)을 간질로…… 묘사하기 위해 자폐성 및 유리(遊離) 같은 범주들을 단순화하고 물상화하여 사용하는 것을 경계해야 한다. 우리는 정상적인 주체성의 전지구적이고 표준적인 결손적 변화보다는, 오히려 사실상 복수적이면서도 특이한 자기-타자성 양태들을 다루고 있다. 나는 하나의 타자이다. 즉 모든 부분에서 개별화된 정체성 및 유기체를 넘쳐흐르는 부분적 언표 행위의 구성 요소들의 교차점에 구현된 복수적인 타자이다. 카오스모제의 커서는 이러한 다양한 언표 행위 핵심 지대들 사이를 끊임없이 오간다. 그것은 핵심 지대들을 전체화하고 초월적 자아 속에 종합하기 위해서가 아니라 그 핵심 지대들로 하여금 세계를 만들도록 하기 위해서이다. 그러므로 우리는 두 가지 형태의 동질발생 앞에 있다. 분열자 형태의 카오스모제적 환원으로 너무 멀리 너무 오래 가는 것을 막는 정상적 그리고/혹은 신경증적 동질발생과, (하나의 시간 및 하나의 공간에 고정된) 감수성의 구성 요소들과 정서적이고 인지적인 구성 요소들뿐만 아니라 윤리적이고 미학적인 가치론적 '책임(전하)'이 연접되어 있는 세속적 복합체의 설정 지점에 이르는 극단적인 정념적-병리학적 동질발생. 그러므로 우리는 분열적 존재론의 수동적인 면에서는 환원적 동질발생을, 준거 **세계**의 색깔·맛·음색의 상실을 발견하지만, 분열적 존재론의 능동적 면에서는 자아의 모방적 장벽들을 제거당한 출현적 타자화를 발견한다. 부분적 주체화의 핵심 지대가 창조적 과정들의 자율성 및 자기 생산에 흡수되거나 흡착되면서 구성될 때, 존재는 타자의 책임(레비나스[8])으로서 확인된다.

문제는 분열자를 탈근대 시기의 영웅으로 만드는 것이 결코 아니며, 무엇보다도 정신병의 과정 안에서 유기적·신체적·상상적·가족적·사회적인 체계의 구성 요소들이 지닌 중요성[무게]을 과소 평가하는 것이 아니라, 카오스모제적 내재성과 궁지에 대결하게 되는 구성 요소 상호간의 억제 효과를 측정하는 것이다. 사회적 층화는 카오스모제에의 너무 지나친 고착으로 인해 생긴 불안한 낯섦을 가능한 한 피하는 방식으로 이루어진다. 우리는 재빨리 이동해야 하고 우리를 수렁에 빠뜨릴지 모를 어떤 것, 즉 광기, 고통, 죽음, 마약, 기관 없는 신체[9]의 현기증, 극단적인 열광……에 집착해서는 안 된다. 물론 이 모든 실존 측면은 지배적인 사회체에 대한 기능적 파악의 대상이지만, 항상

---

8) Emmanuel Lévinas(1906-1995). 레비나스는 주체성을 '타인을 받아들임' 또는 '타인을 대신한 삶'으로 정의한다. 인간의 삶은 자신의 고유한 세계를 가지면서도 이 세계는 (자아 중심으로 통합할 수 없는 절대적으로 다른) 타인과의 관계를 통해서 타인의 고통에 대한 연대와 책임을 통해서 이루어진다고 강조한다. 에마누엘 레비나스, 강영안 옮김, 《시간과 타자》, 문예출판사, 1996을 참조.〔역주〕

9) 들뢰즈와 가타리가 앙토넹 아르토에게서 빌어 온 개념으로, 유기체화되기 이전의 신체를 가리키며 본성적으로 유기체화되기를 거부하는 신체를 의미한다. 유기체는 이 신체에 포섭과 배제의 어떤 특정한 질서를 부과함으로써 성립되는 것이다. 따라서 기관 없는 신체란 하나의 카오스 상태, 즉 어떤 고정된 질서로부터도 벗어나서 무한한 변이와 생성을 잠재적으로 품고 있는 것이다. 즉 단순한 인간의 신체가 아니라 인간 및 자연의 모든 요소가 지닌 파편들이 조립되는 하나의 장소라는 의미이다.〔역주〕

자신들의 카오스모제적 차원에 대한 적극적인〔능동적인〕 오인의 상관물이기도 하다. 카오스모제에 대한 반사적(反射的) 접근은, 특히 대중 매체를 통해 유한성이란 자신의 본질적인 차원(즉 절대 방기하지만 경계 없는 복잡성의 가상 핵심 지대 속에 특질도 과거도 미래도 없는 현−존재의 사실성)을 왜곡하는 상상적 영원성을 분비한다. 우주〔질서, 조화〕에 대한 고독한 명상에 잠긴 아이의 비상한 총명함에 틀림없이 반대되는 심히 유아적인 성인 세계의 **영원성(Éternité)**, 또는 시·음악·신비한 경험의 아이되기의 **영원성**. 카오스모제가 타자성의 복합체를 재활성화하고 기호화 과정을 재점화하기보다는 오히려 절망, 우울, 정신 이탈의 심연 속에서 응결되고 내파될 때, 실존적 **영토**들의 재조성, '전이의 접목,' 대화의 연결, 모든 종류의 보조적·제도적 실용법의 발명에 대해 문제 제기를 해야 한다. 정신병의 영웅주의가 아니라 반대로 카오스모제적 신체의 엄밀한 지수화를 통해 카오스모제는 작열하게 되고, 카오스모제적 신체의 상처입은 찌꺼기는 오늘날 화학 요법에 의해(그것이 괴물 같은 꽃들에 관한 화학 요법처럼 전통적인 **요양소**에서 양성되지 않게 된 이래) 밝혀진다.

일차적인 착란적 분말 상태 혹은 편집증의 거대한 서사적인 구축물, 절대적인 것의 침투에 의한 불안정한 치료 과정들은 잘 사회화된 방어 체계들, 매체 및 인종주의적 혐오증……에 의해 지지받는 게임, 스포츠, 마니아들과 동일한 구도에 놓일 수 없다. 하지만 그것들의 혼합물은 제도적 정신 요법과 분열분석의 일용할 양식이다.

그러므로 우리는 마찬가지로 진부한 언표들, 편견들, 상투화된 것들, 부조리한 상황들, 일상에 대한 자유 연상 전체의 잡탕 속에서 실수, 징후, 난점, 신체적 무대에서의 연기, 가족 연극을 통해 혹은 제도적 톱니바퀴들을 통해 반대 방향에서만 밝혀질 수 있을 뿐인 카오스모제의 이런 Z(제3의 미지수) 지점 혹은 선(禪) 지점들을 영원히 해방시켜야 한다. 반복하건대, 이것은 카오스모제가 개별화된 정신에 고유한 것이 아니라는 사실에서 나온다. 우리는 집단 생활에서 경제적 관계들, 기계 체계(예를 들어 정보 기계 체계)에서 그리고 심지어 예술 혹은 종교의 무형적인 **세계** 안에서 카오스모제와 대면한다. 각각의 경우에 카오스모제는 존재론적 이질발생의 실존적 결정화처럼 정보와 소통을 넘어서 기능하는 작동적 서사성의 재구축을 요구한다. 현실적인–색다른–가상적인 새로운 복합체의 생산은 항상 의미의 파열, 의미 작용의 단락, 자기 자신의 일관성에 대한 비잉여적이고 자기 긍정적인 반복의 드러냄, 동일시를 벗어나는 ‘동일시할 수’ 없는 부분적 타자성의 핵심 지대의 촉진에서 생겨난다는 사실 때문에 사람들은 치료 전문가 및 정신 건강 노동자를 본질적으로 윤리적인 사시(斜視)라고 비난한다. 한편 치료 전문가 및 정신 건강 노동자는 실존적 **영토**들을 개조하기 위해, 그리고 화석화 과정에 있는 내재성의 블록들 사이에 이행의 기호적 구성 요소들을 만들어 내기 위해 여기저기서 조금씩 긁어모은 것의 이질발생의 등록기 속에서 일한다……. 다른 한편 이런저런 방식으로 스스로를 비담론적 강렬도를 수용하는 기관 없는 신체로 재창조하고 재발명하는 한에서만, 그들은——정신병 속에서, 그리고 제도 속에서——카오스모제적 사물(사태)에 정념적 접근을 한다고 할 수 있다. 이질적 자유의 추가 계수에 대한 그들의 가능한 앙케트(조사), 돌연변이적 준거 세계로의 접근, 타자성의 갱신된 등록기로의 진입은 동질적 내재성에 그들 자신이 빠져드느냐에 달려 있다.

질병학적 범주들, 정신의학적 지도 제작법, 정신분석학적 지도 제작법은 정신병적 전이의 카오스적 직조(얼개)를 반드시 드러낸다. 그것들은 어떤 인식론적 탁월함도 가장할 수 없는 많은 것들 가운데 발화와 모델화——망상, 소설, TV 연속물의 발화와 모델화——를 구성한다. 더도 덜도 아니다! (하지만) 그들 스스로 역할, 관점, 복종 행위, 더욱이 (이렇게 말하면) 왜 안 돼, 자유화 과정을 구현한 것만으로도 아마도 이미 대단하다고 생각한다. 누가 진리를 말하는가? 이것은 더 이상 질문이 아니다. 하지만 어떻게 그리고 어떤 조건 아래에서 세계를 재조성하고 과정적 복잡성을 재설치할 무형적 사건들의 화용론(실용성)을 가장 잘 드러낼 수 있는가? 대면(일대일)분석, 자기분석, 집단적 정신요법……에 접목되는 각 사람에게 특유한 모델화는 항상 전문화된 발화들을 차용하도록 요구한다. 의미 작용의 감옥으로부터의 분열분석적 탈주와 카오스모제라는 우리의 문제 설정은, 이러한 차용물과는 반대로 그 차용물이 지닌 담론성을 필수적인 비기표적 해체로 향하게 하고, 그것들의 존재론적 효능을 실용적 관점에서 파악하는 데로 나간다.

5

기계적 구강성과 가상적인 것의 생태학

입 안에 가득 넣고 말하지 마라. 그건 매우 나쁜 버릇이다! 말하든지 먹든지 해라. 두 가지 일을 동시에 하지 마라. 한편에는 하나의 분화된 흐름, 즉 살 속으로 흡수되는 분해 혼돈화 과정에서 섭취된 다양한 음식이 있고, 다른 한편에는 복잡하고 분화된 외부를 투영하고 구성하는 기초적인 즉 음성론적·통사론적·명제적 접합의 흐름이 있다. 그러나 엄밀하게 말하자면, 구강성(oralité)은 교차점에 있다. 구강성은 입에 가득 넣고 말한다. 구강성은 내부도 가득 차 있고, 외부도 가득 차 있다. 동일한 공간에서 구강성은 카오스적으로 퇴화되어 가는 복잡성인 동시에 무한한 복잡화 과정에 있는 단순성이다. 카오스와 복잡성의 춤.

이미 프로이트는 우유나 똥과 같은 단순한 대상들이 보는 방식, 증상, 환상 따위가 함께 엮인 구강성·항문성(analité) 등과 같은 매우 복잡한 실존적 **세계**들을 뒷받침한다는 것을 증명했다. 그리고 우리는 라캉의 공허한 말(발화)과 가득 찬 말에 대한 첫 번째 구분들 가운데 하나를 떠올린다. 하지만 무엇으로 가득 찬 것일까? 내부와 외부로, 가상성의 선들로, 가능성의 장들로 가득 차 있다. 소통의 단순 매개, 즉 정보 전달 대행자가 아니라 현-존재를 발생시키는 말, 우주적 즉자와 주체적 대자 사이를 접촉시키는 말(로 가득 차 있다).

말〔발화〕은 법의 차원에, 즉 사실·동작·감정의 통제 차원에 고정된 문자적인 기호학의 지배 아래 통용될 때 공허해진다. 컴퓨터의 목소리——'벨트를 매지 않으셨습니다'——는 모호성의 여지를 거의 남기지 않는다. 반대로 일상적인 말은 흔히 비언어적인 기호적 구성 요소들이 최소한 현존하도록 한다. 바로 이 비언어적인 기호적 구성 요소들에서 억양, 리듬, 얼굴 특징, 자세에 입각하여 구성되는 표현 실체들은 기표적인 순환성의 전제주의를 미리 막음으로써 서로 교차하고 교대하고 겹쳐진다. 그러나 슈퍼마켓에서는 더 이상 상품의 질을 따지기 위해 장광설을 늘어놓거나 적당한 가격을 매기기 위해 흥정할 여지가 없다. 필수적이고 충분한 정보는 표현의 실존적인 차원을 없애 버렸다. 우리는 실존하기 위해 거기에 존재하는 것이 아니라 소비자라는 우리의 임무를 다하기 위해 존재한다.

구강성은 기호적 다의성의 피난처를, 주체-대상 관계의 출현의 실시간 되찾기를 이룰 것인가? 솔직히 말하면, 구강적인 것과 문자적인 것 사이의 아주 두드러진 대립은 나에게는 결코 적절한 것 같지 않다. 가장 일상적인 구강적인 것은 문자적인 것에 의해 초코드화된다. 가장 가공된 문자적인 것은 구강적인 것에 의해 만들어진다. 대신 우리는 구강적·문자적·동작적·태도적·조형적인 것 등의 안에서 미학적 실천에 의해 구성되는 감각 블록(bloc de sensation)들로부터 시작할 것이다. 이 감각 블록들이 지닌 기능은 공통적인 감수성들에 스며들어 있는 의견들과 사소한 지각들에 붙어 있는 의미 작용들을 피하는 것이다. 진부한 정신의 지각 작용들 및 상태들에 입각하여 이러한 탈영토화된 지각들 및 정서들을 추출함으로써 우리는——진부한 정신의 지각 작용 및 상태가 가장 표준화된 것들로부터 취할 수 있는 것 가운데——내부 담론의 소리와 자기 현존으로부터 철저하게 〔돌연〕변이적인 주체성 형식으로 향하는 이행 경로로 나갈 수 있다. 유한성, 삶 · 고통 · 욕망 · 죽음의 시련을 결코 두려워하지 않는 외부의 주체성, 거대한 주체성은 중요한 조리법에 필수적인 고추〔양념〕처럼 그 이행 경로를 수용한다.

행위〔퍼포먼스〕 예술은 낯설면서도 친숙한 **세계**들의 출현에 현기증을 느끼면서 찰나를 살아간다. 행위 예술은 일상성이라는 기호적 그물망에 입각하여 비시간적 · 비공간적 · 비기표적인 강렬한 차원들을 추출하는 것이 지닌 함의를 극단으로까지 밀어붙이는 이점이 있다. 행위 예술은 이러한 차원들이 지배적인 잉여성들 속에 자리잡기 전에, 존재 및 형식의 발생——스타일, 학교, 근대성의 전통들의 발생을 포함하여——에 대해 우리로 하여금 대답하지 못하게 만든다. 그러나 행위 예술은 나에게 있어 일상적 구강성으로 되돌아가는 것에 관련되기보다는, 이러한 〔돌연〕변이적인 주체성들을 만들어 낼 수 있는 기계화 및 탈영토화된 기계적 경로를 향해 전방으로 탈주하는 것에 관련되는 것처럼 보인다. 이것을 통해 나는 음향 시에 의한 구강성의 재발견 속에 인공적이고 구축적이고 구성적인 어떤 것——내가 기계적 과정성이라고 부르는——이 존재한다는 것을 말하고 싶다. 보다 일반적인 방식으로는 관점들의 모든 미학적 분산〔탈집중화〕, 표현 구성 요소들의 모든 다성적 감속은 현행 구조들 및 규약들의 준비에 의해, 그리고 감각 소재들 속에 카오스모제적으로 빠져듦으로써 진행된다. 이것들로부터 재조성, 재창조, 세계의 농축(마치 농축 우라늄에 대해 사람들이 말하듯이), 존재 형식들뿐만 아니라 존재 양태들의 증식이 다시 가능하게 될 것이다. 따라서 선한 구강성과 악한 문자성 사이의 과거의 마니교적〔이원론적〕인, 향수병적인 대립이 아니라 내부의 타자와 외부의 타자 사이의 새로운 틈〔쪼개짐〕에서 만들어지며, 영원성이 현재의 찰나와 공존할 수 있을 과거-미래의 색다른 신진 대사를 촉진하는 언표 행위적 핵심 지대들을 추구하는 것이 필요하다.

　우리 시대에 모든 부분에서 우리에게 투여되는 이 모든 공허한 신호계에 입각하여 풍부한 의미를 추출해 낼 수 있는 이러한 감각 블록들을 상대적으로 가장 완성된 모델들로 제시하는 것은 미학적 기계들이다. 자본주의적 주체성――일차원성, 일반화된 평등, 분리 차별, 진실한 타자성에 귀가 먼 것의 주체성――이라는 땅을 다지는 롤러에 대항하는 가장 중요한 저항의 핵들은 바로 예술의 밀림 속에서 발견된다. 예술가들을 혁명의 새로운 영웅, 역사의 새로운 지렛대로 만드는 것이 중요한 게 아니다! 여기서 예술은 정평 있는 예술가의 활동일 뿐만 아니라 세대와 피억압 인민들, 게토들, 소수자들 등을 횡단하는 주체적 창조성 전체이다. 낡은 과학적 패러다임, 예를 들어 역사 유물론 혹은 프로이트주의가 언급했던 낡은 과학적 패러다임을 이용함으로써, 나는 단지 미학적 패러다임 즉 〔돌연〕변이적 지각 및 정서의 창조와 조성의 패러다임이 모든 가능한 해방〔자유화〕 형태의 패러다임이 된다는 것을 강조하고자 한다. 생태학적·인구학적·도시적 파국에 묶인 현재의 세계는 인류의 이익과 양립할 수 있는 방식으로 자신을 뒤흔드는 비상한 기술-과학적 변화를 흡수할 수 없다. 현재의 세계는 파멸이냐, 그렇지 않으면 철저한 갱신이냐 하는 현기증나는 경주에 끼여 있다. 경제적 · 사회적 · 정치적 · 도덕적 · 전통적인 모든 나침반은 차례로 어긋나 버린다. 가치의 축들, 인간 관계의 근본적인 합목적성들, 생산적 활동들을 다시 주조하는 것이 긴요해진다. 따라서 가상적인 것의 생태학은 가시적 세계의 생태학들만큼이나 꼭 필요하다. 그리고 이러한 측면에서 시 · 음악 · 조형 예술 · 영화가 특히 그들의 성능 좋고 행위적인 양태들 아래 특정한 공헌에 의해서, 그리고 사회적이고 분석적인(아주 넓은 의미에서 정신분석적인) 새로운 실천 속에서의 준거 패러다임으로서 중요한 위상을 차지하고 있다. 현실화된 세력 관계를 넘어서, 가상적인 것의 생태학은 문화 생활 가운데 협박받는 종(種)들을 보전할 뿐만 아니라 이전에는 결코 볼 수 없었고 체험할 수 없었고 느낄 수 없었던 주체성 구성체들의 창조 및 발전을 위한 조건을 만들어 내도록 제기할 것이다. 이것은 일반화된 생태학(혹은 생태철학)이 생태 체계의 과학으로서, 정치적 재생의 시도로서, 또한 윤리적 · 미학적 · 분석적 개입으로서 작동할 것이라고 말하는 것이다. 생태철학은 새로운 가치 증식 체계들을, 새로운 삶의 향기를, 성 · 연령층 · 민족 · 인종 등 사이에서의 새로운 부드러움을 창조하는 경향이 있을 것이다.

여러분들은 내게 이러한 가상성의 기계들, 즉 이미 감각 속에 그리고 가능한 것들의 장들에서 벗어나 있는, 반은 대상이며 반은 주체인 〔돌연〕변이적인 지각들과 정서들의 이러한 블록들을 이상한 물건들이라고 말할 것이다. 감각 블록들은 관례적인 주체성 시장에서는, 더욱이 관례적인 예술 시장에서도 쉽게 발견되지 않을 것이다. 그러나 감각 블록들은 정신적 무질서 혹은 권력의 열정에 뿐만 아니라 창조, 타자되기의 욕망에 관련된 것 모두에 붙어다닌다. 이제 감각 블록들의 몇 가지 원칙적인 특성에 입각하여 그 윤곽을 그려 보자.

미학적 욕망의 배치들 및 가상적인 것의 생태학의 작동 인자들은 담론 집합체들의 논리 안에 쉽게 한정할 수 있는 본질체들이 아니다. 그것들은 내부도 외부도 갖지 않는다. 그것들은 내부성과 외부성을 분비하고 모든 담론성 체계의 근저에서 구성되는 경계 없는 접촉 경계면들이다. 그것들은 모든 영역의 중심에 정박하지만, 또한 이질성을 강조하기 위해 상이한 영역들 사이에서 정박하기도 하는, 분화의 핵심 지대들로 이해되는 되기〔생성〕들이다. (예를 들면 슈만의 음악에서) 어린이되기는 가지치기, 즉 여성되기, 행성되기, 우주적으로 되기, 멜로디처럼 되기 등 사이에서의 분기 활동으로 설립되는 영원한 현재를 구현하기 위해 유년기의 기억을 끌어낸다.

이러한 배치들은 에너지-공간-시간적 좌표, 혹은 잘 범주화된 의미론적 좌표들과 같은 외생적인 준거 체계와 관련시켜서는 포착할 수 없다. 그럼에도 불구하고 그 배치들은 이행적·횡단적·감정적인 존재론적 일관성에 대한 인식을 통해 이해할 수 있다. 우리는 배치들을 재현을 통해서가 아니라 정서적 전염을 통해 알아차린다. 배치들은 당신을 무시하고, 당신 속에 실존하기 시작한다. 그리고 거칠고 미분화된 정서들로서만이 아니라 '그것은 드뷔시적이고, 그것은 재즈적이고, 그것은 반 고흐적이다'라는 식의 고도로 복잡한 조성으로서 말이다. 미학적 경험이 끊임없이 우리로 하여금 되돌아가게 하는 역설은, 지시적 특성들 및 신호적 리토르넬르들이 자신들의 실존을 재현의 장 속에서 촉매 작용하기 위해 필수적이라는 사실에도 불구하고, 또는 그러한 사실과 함께 실존적 이해 양식으로서 이러한 정서들이 단번에 주어진다는 사실에 있다. 이러한 재현의 게임들은 실존적 **세계**들에서 예견할 수 없는 함의들을 이끌어 내는 복수적인 등록기들을 소유한다. 그러나 그들의 궤변이 어떤 것이든 미학적 구성을 통한 지각 및 정서의 블록은 주체와 대상, 자아와 타자, 물질적인 것과 무형적인 것, 이전과 이후 등을 동일한 횡단적 파악 속에 혼합한다. 간단히 말해서 정서는 재현과 담론성의 사안이 아니라 실존의 사안이다. 나는 내 자신이 드뷔시적인 세계, 우울한 **세계**, 프로방스의 섬광 같은 되기[변화][1] 속에 끼여 있다는 것을 안다. 나는 일관성의 문턱을 넘었다. 이러한 감각 블록의 영향 안에, 부분적 주체화의 이러한 핵심 지대 안에 단조로움이 있었다. 그것을 넘어서면 나는 더 이상 이전의 내가 아니며, 나에게 익숙한 실존적 **영토**들을 넘어서 있는 타자되기에 끌려 들어간다.

그리고 문제는 '좋은 형식'의 우세함을 결정화하는 단순한 게슈탈트적 형상화가 아니다. 중요한 것은 내가 여기서 기계학의 등록기와 대립시킨 기계의 등록기 속에 넣으려고 했던 보다 역

---

1) Provence. 프랑스 남동부의 옛 지방명. 민족 대이동에 따라 부르군트 왕국에 속하였고, 피핀 단신왕(短身王) 때 프랑크왕국에 소속되었다. 또한 중세에 아라비아 문화의 세례를 받았으며, 12세기부터 프로방스 백령(伯領)이 되었다. 1481년 루이 11세 때 프랑스령이 되었으나, 지방 3부회(部會)의 세력이 강해서 17세기 전반까지는 거의 독립한 상태로 있었다.[역주]

동적인 어떤 것이다. 바로 생물학자들로서 움베르토 마투라나와 프란시스코 바렐라가 살아 있는 체계들을 정의하기 위해 자기 생산 기계라는 개념을 발전시켰다. 나에게는 구조 혹은 생태 체계의 자기-재생산 능력으로서 그들의 자기 생산 개념이 사회적 기계들, 경제적 기계들, 심지어 언어·이론·미학적 창조라는 무형적 기계들로까지 유용하게 확장될 수 있을 것 같다. 예를 들면 재즈는 자신의 아프리카〔흑인〕적 계보학에서 자양분을 취할 뿐만 아니라 복수적이고 이질적인 형식들 아래에서 재활성화됨으로써 자양분을 취한다. 살아 있는 한 재즈는 그러할 것이다. 그러나 모든 자기 생산 기계처럼 재즈는 영양 공급이 결핍되어 사라질 수 있거나 스스로 낯설어지는 운명을 향해 달려갈 수 있다.

그렇다면 여기에는 하나의 본질체, 즉 하나의 무형적 생태 체계가 있는데, 그것의 존재는 외부로부터 보장되지 않는다. 그것은 스스로 만들어 내는 데 협력하는 타자성과 공존하며 살고, 만일 자신의 기계적 본질이 사고로 피해를 입는다면——선과 악은 재즈와 록 사이에서 조우한다——또는 자신의 언표 행위적 일관성이 특정한 문턱 아래로 떨어지면 사라질 위협에 놓인다. 무형적 생태 체계는 외생적인 좌표들 안에서 '주어진' 대상이 아니라 결정된 실존적 **영토**들에 의미 및 가치를 부여하는 주체화 배치이다. 이러한 배치는 살기 위해, 즉 자신에게 충격을 가하는 특이성들에 입각하여 과정화되기 위해 작동해야만 한다. 이 모든 것은 필수적인 창조적 실천이라는 생각, 그리고 심지어는 존재론적인 화용론〔실용론〕까지도 함의한다. 바로 존재의 새로운 존재 방식에서 춤의 리듬·형식·색깔·강렬도들이 창조된다. 그 자체로는 아무것도 이루어지지 않는다. 모든 것들은 끊임없이 영(零)에서, 카오스모제적인 출현 지점에서 다시 시작해야만 한다. 발생기 상태로의 영원 회귀가 지닌 역능.

프로이트의 뒤를 이어 클라인[2]파와 라캉파의 정신분석가들은 각각의 방식으로 이러한 유형의 본질체를 자신들의 탐구 영역 안에서 이해했다. 그들은 이러한 유형의 본질체를 주체성과 그 자체 부분적이고 일시적[과도적]인 타자성의 연결점에 두면서 '부분 대상' '과도적 대상'이라고 명명했다. 그러나 그들은 결코 인과론적인 충동적 하부 구조로부터 이러한 본질체를 떼어내지 않았다. 그들은 그것에 결코 다가적인 실존적 **영토**의 차원들을, 무한한 지평에 걸친 기계적 창조성을 부여하지 않았다. 분명히 '대상 a'라는 자신의 이론으로, 라캉은 욕망 대상이란 관념을 탈영토화하는 이점을 얻었다. 그는 욕망을 사색할 수 없는 것이라고 규정했고, 그럼으로써 공간 및 시간의 좌표들로부터 도피했다. 그는 욕망을 포스트 프로이트주의자들이 소리와 시선에 관련시키기 위해 욕망에 할애했던 제한된 장——어머니의 젖가슴, 똥, 남근——에서 벗어나도록 했다. 그러나 그는 프로이트적 결정주의와의 자신의 결렬의 결과를 추출하지 못했고, '욕망하는 기계들'——이것에서 그는 이론을 시작했다——을 무형적 가상성의 장 안에 적절하게 위치짓지 못했다. 카오스 이

---

2) **Melanie Klein**(1882-1960). 영국의 정신분석학자. 프로이트의 욕동[충동] 중심적인 이론의 패러다임을 깨고 관계 중심적인 새로운 패러다임으로 만들어 간 개척자라고 평가받는다. 어린이에게 놀이를 시켜 문제가 되는 행동(야뇨증·말더듬이·손가락 빨기·도벽·공포증 등)을 진단하고 치료하는 유희요법(遊戲療法, play therapy)을 창안하였다.[역주]

론에서의 낯선 끌개[3] (스트레인지 어트랙터)들처럼 욕망의 이러한 대상-주체는, 프랙털 선을 따라 영속적으로 탈주하면서 결코 욕망 그 자체와 동일하지 않은 채, 하나의 위상 공간[4] (여기서는 준거 **세계**) 안의 정박점으로 기능한다. 이러한 측면에서 단순히 프랙털 기하학뿐만 아니라 프랙털 존재론을 환기해야만 한다. 스스로가 변하고 싹을 틔우고 변신하는 것은 존재 그 자체이다. 예술 및 욕망의 대상은 동시에 자신의 신체, 자아, 물질적 신체, 경험 공간, 모국어의 리토르넬르, 친숙한 얼굴들, 가족 이야기, 민족 이야기 등과 같은 실존적 **영토**들 안에서 이해된다. 어떤 실존적 접근법도 다른 것에 대해 우선하지 않는다. 따라서 그것은 인과적인 하부 구조와 정신이라는 재현적인 상부 구조의 문제도 아니고, 승화로부터 분리된 세계의 문제도 아니다. 감각적인 육체와 숭고한 물질은 서로 긴밀하게 얽혀 있다. 타자와의 관계는 이미 현존하는 내재적인 아이콘을 각 개인과 동일시함으로써 진전하지는 않는다. 이미지는 동물되기, 행성되기, 기계되기로 그리고 때로는 인간되기로 가지치는 타자되기를 통해 이루어진다.

음악의 소재, 또는 개념 예술의 소재, 그리고 이러한 하이퍼복잡성, 미학적 정서의 이러한 자기 생산의 경우처럼 가장 탈영

---

3) 이상한 끌개는 위상 공간 안에서 점이나 흐름으로 존재하면서 움직임을 주도한다. [역주]

4) 축들이 체계를 특징짓는 변수를 재현하는 추상적인 공간. [원주] 위상 공간은 기계적이든 유동적이든 움직이는 물체의 계로부터 본질적인 모든 정보를 추상화하여 숫자를 그림으로 바꾼다. [역주]

토화되었을지라도 어떻게 유한한 소재 속으로의 이러한 감각적인 침잠(빠져듦)을 체현된 조성과 조화시키는가? 강박적으로 여기서 나는 복잡성과 카오스 사이에서의 그러한 끊임없는 왕복(오가기)으로 되돌아온다. 어떤 외침, 어떤 파랑 단색은 무형적이고, 강렬하고, 비담론적이고, 정서적인 **세계**를 갑자기 나타나게 만든다. 이어서 다른 **세계**들, 다른 등록기들, 다른 기계적 분기들과 얽힌다. **세계**의 특이한 성좌, 가장 정교한 이야기(서사)들, 신화들, 아이콘들을 통해 언제나 우리는 이 카오스모제적 동요 지점으로, 이러한 특이한 존재론적 구강성으로 되돌아간다. 무엇인가가 새로운 방향선들이 시작되고 늘어나는 어떤 것에 입각하여 흡수되고 병합되고 소화된다. 우리는 유한성과 불안정성으로 복귀할 수 있기 위해, 영원하고 치명적인 꿈으로의 출구를 찾기 위해, 마지막으로 무한성에서 질식시키려고 위협하는 세계로 돌아가기 위해서, 이러한 배꼽점(중심점)——프로이트의 초판 꿈에서 **이르마**(Irma)(프로이트의 분석 대상이 된 여성 환자)의 목구멍 밑에 희고 갈색 빛깔이 도는 부스럼들, 혹은 엄밀하게 말하자면 페티시즘적이고 주술(엑소시즘)적인 대상——을 통과해야 한다.

　기계적 구강성이 지닌 감각 블록들은 탈영토화된 살을 신체에서 떼어낸다. 내가 노동을 '소비할' 때——노동은 노동의 부재일 수도 있기 때문에 다르게 불러야 할 것이다——나는 바로 복잡한 존재론적 결정화에, 현-존재의 타자화(altérification)에 착수한다. 나는 존재를 다르게 실존하도록 명령하며, 새로운 강렬도로 존재를 강탈한다. 그러한 존재론적인 생산성이 존재와 현존재 사이의, 또는 존재와 무 사이의 선택지로 결코 되돌아가지 않는다고 밝힐 필요가 있을까? 내가 하나의 타자일 뿐만 아니라 그 타자는 타자성의 복수적인 양태들이기 때문이다. 여기서 우리는 더 이상 **기표**, **주체**, 그리고 거대한 **타자** 일반에 빠지지 않는다. (언어적·신체적·공간적……) 구성 요소의 이질성은 오늘날 새로운 소재의 증식, 새로운 전기적 재현, 거리의 축소, 관점의 확장과 함께 동반하는 것보다 더욱 현기증나는 존재론적인 이질발생을 만들어 낸다. 정보적 주체는 우리를 낡은 문자적 선형성의 구속으로부터 엄청난 속도로 멀어지게 한다. 모든 장르에서 하이퍼텍스트들이, 그리고 심지어는 피에르 레비[5]가 '역동적 표의 표기법'이라고 규정한 새로운 인식적이고 감각적인 글쓰기가 가능한 시대가 왔다. 주체성을 탈영토화시키는, 가장 넓은 의미로 이해되는 기계적 (돌연)변이는 더 이상 방어 반응을, 즉 회고주의적인 경련을 촉발시키지 않을 것이다. 그것들을 인류의 4/5가 현재 경험하는 대중 매체식 마취(멍청하게 만들기)의 탓으로 돌리는 것은 우스운 일이다. 대중 매체식 마취는 단지 특정한 유형의 사회, 상품 생산, 상품 분배의 조직화가 지닌 도착적인 역-효과의 문제일 뿐이다. 정반대로 정보 과학, 정보 통신, 시청각적인 것의 접합은 아마도 상호 작용의 방향으로, 탈매체 시대로의 진입으로, 그와 더불어 구강성의 기계적 회귀의 가속화로 결정적인 한 발자국을 내디딜 수 있도록 해줄 것이다. 디지털 키보드의 시대는 곧 끝날 것이다. 기계들, 즉 기술적

---

5) Pierre Lévy(1956–), 《L'idéographie dynamique》, La Découverte, Paris, 1991. 레비는 고정된 매체가 아니라 동적이고 상호 작용적인 매체를 보유할 경우, 알파벳처럼 소리를 표기하는 것이 아니라 정신적 모델을 표기하는 표기법이 필요하다고 하였다.(역주)

기계뿐만 아니라 사고 · 감각 · 협의 기계들과의 대화가 바로 말을 통해 시작될 수 있을 것이다. 반복하건대, 이 모든 것은 사회가 변하고 새로운 사회적 · 정치적 · 미학적 · 분석적 실천들이 도처에서 발생하는 (특히 **동구**와 **걸프전**에서 자본주의 정신의 승리 이후) 의미의 축소에서, 우리와 충돌하는 공허한 말의 족쇄에서 우리를 해방시켜 줄 것이다.

　구강성, 도덕성!, 스스로를 기계적으로 만드는 것, 미학적 기계, 그리고 분자적 전쟁 기계(오늘날 수백만의 젊은이들에게 랩 문화가 지닌 중요성을 생각해 보라)는 주체적 재특이화의 핵심적인 수단이 될 수 있고, 세계를 느끼는 색다른 방식을, 사물의 새로운 얼굴을, 심지어 사건의 상이한 형세를 만들어 낼 수 있을 것이다.

6

새로운 미학적 패러다임

서구 역사에서 예술은 꽤 늦게서야 자신을 특화된 가치론적 준거와 관련된 특정한 활동으로 뚜렷이 드러냈다. 춤·음악·조형 형식의 가공, 그리고 신체·대상·땅에 관한 기호들의 가공이 고대 사회들에서는 의례 활동들 및 종교적 재현들과 밀접하게 연결되어 있었다. 마찬가지로 사회 관계, 경제적 교환과 혼인 교환은 집단 생활에서, 내가 탈영토화된 언표 행위 **배치**로 부르자고 제안한 것과 좀처럼 구별할 수 없었다. 다양한 기호화 양식, 재현 체계들, 복수 준거적 실천들을 통해 이러한 배치들은 주체성의 보완적인 선분들을 결정화하게 되었다. 그 배치들은 친자관계〔혈통〕 및 동맹의 연결을 통해 사회적 타자성을 해방했다. 그 배치들은 연령 집단 및 주도 집단의 작동을 통해 개인적 개체 발생을 일으켰다. 그리하여 각 개인은 몇 가지 횡단적인 집단적 정체성에 둘러싸여 있다는 것을, 더 좋게 말하면 수많은 부분적 주체화 벡터들의 교차로에 있다는 것을 알았다. 이러한 조건에서 한 개인의 정신 현상은 내면화된 시설들 안에 조직화된 것이 아니라 사회 생활 및 외부 세계와 직접적으로 접촉하는 표출적이고 실천적인 일정 범위의 등록기와 연결되어 있다. 물질적 활동들 및 기호화 양식들과 사회체의 그러한 상호 침투는 노동 분업 및 노동 전문화의 여지를 거의 남겨 놓지 않으며——노동 자체의 개념이 희미한 채로 남아 있다——다른 (경제적·사회적·종교적 혹은 정치적) 부문들과 구별된 미학적 부문이 개입하지 않을 여지를 더욱 남겨 놓지 않는다.

이러한 영토화된 언표 행위 **배치**들의 다양한 탈영토화 경로들을 요약적으로라도 다시 추적하는 것이 여기서 문제가 아니다. 탈영토화된 언표 행위 배치들의 일반적인 진화가 주체성의 개별화의 강화를 향해, 다의성의 상실을 향해——단지 많은 고대 사회에서 한 개인에게 부여된 고유 명사의 증식〔복수화〕을 생각해 보라——그리고 신·선·진리·미·권력…… 차원의 가치 **세계**들의 자율화를 향해 나갈 것이라는 점만을 지적해 두자. 가치 증식 양식들의 이러한 구획화는 현재 우리 시대의 인식적인 이해에 매우 깊게 뿌리내리고 있어서 우리가 과거 사회들을 판독하려고 할 때 그 구획화를 막기가 힘들다. 예를 들면 우리는 어떻게 **르네상스** 시대의 군주가 예술 작품을 구매하지 못하지만 (그들의 명성이 군주 특권을 반영하는) 장인들을 자신에게 복속시켰는지 상상할 수 있을까. 대성당을 건설하는 **중세** 거장들의 조합주의적 주체성과 그것의 경건한 함의들은 우리에게 모호한 채로 남아 있다. 우리 스스로는 모두가 본질적으로 테크놀로지적이고 문화적인 영향력을 지니고 있다고 생각하는 암벽 예술을 미학화하는 것을 막을 수 없다. 따라서 과거에 대한 모든 독해는 피할 수 없이 현재에 대한 우리의 준거들에 의해 초코드화된다. 이것을 감수하는 것은 우리가 근본적으로 이질적인 관점들을 통합해야 한다는 것을 의미하지 않는다. 몇 년 전 뉴욕의 한 전시회에서 큐비스트〔입체파〕의 작품들과 원시 미술이라고 부르기에 적절한 제작물들이 나란히 전시됐다. 형식적이고 형식주의적이며 매우 피상적인 상관 관계들이 도출되었는데, 두 계열의 창작물들이 그들 각자의 맥락(한편으로는 부족적이고 인종적이며 신화적인 맥락, 다른 한편으로는 문화적이고 역사적이며 경제적인 맥락)에서 이탈해 나오고 있었다. 우리는 아프리카·대서양, 그리고 인도 미술이 큐비스트들에 대해 행사했던 매혹이 조형적인 차원에 있었을 뿐만 아니라 탐험, 식민지 원정, 여행 기록, 모험 소설 등에 의해 알려진 당시의 이국주의와 연상된다는 것을, 이러한 것들의 신비가 지닌 아우라는 사진, 영화, 소리 녹음, 그리고 현지 민족학의 발전에 의해 강화되었다는 것을 잊어서는 안된다. 근대성의 미학적 패러다임을 과거에 투사하는 것이 합당하고 분명 피할 수 없다면, 그것은 이러한 종류의 재조성이 가져오는 가치 **세계**의 성좌가 지닌 상대적이고 가상적인 성격을 인식하는 한에서일 수밖에 없다.

과학·기술·철학·예술·인간사는 각각 주어진 경계 안에서 자신들이 느슨하게도 하고 접합하기도 하는 특정한 소재들이 지닌 긴장들과 저항들에 직면한다. 그것들은 어떤 문들을 닫고 다른 문들을 열도록 자신들에게 가르치는 규약들, 노하우, 역사적 가르침의 도움을 통해 극복해 나간다. 이러한 소재들의 유한한 양식들과 그 양식들이 포함하는 가능성의 **세계**들이 지닌 무한한 속성들 사이의 관계는 이러한 활동들 각각 안에서 상이하다. 예를 들어 철학은 자신의 창조적 긴장의 고유한 등록기를 만들며, 자신의 텍스트적 준거 소재를 분비한다. 철학은 적어도 자신의 돌연변이적 각 발전 국면에서 자신의 핵심 개념들의 자기-위치

지정과 자기-일관성에 일치하는 무한한 역능에 유한성을 투사한다. 기술-과학 패러다임들은 자신 쪽에서 관계들 및 기능들의 대상 세계를 강조하며, 유한성 즉 조정할 수 있는 한정된 것이 언제나 무한성과 그것의 가상적 준거들에 우선하도록 주체적 정서들을 체계적으로 괄호로 묶는다. 반대로 예술에 대해 말하자면, 감각 소재의 유한성은 미리 만들어진 틀들 및 좌표들과 관련하여 점점 더 중심에서 벗어나는 경향이 있는 정서 및 지각의 생산을 위한 지지물이 된다. 마르셀 뒤샹은 '예술은 시간과 공간이 지배하지 않는 지역들로 향하도록 안내하는 길이다' 라고 선언했다. 사고·행동·감각성의 상이한 영역들은 상이한 방식으로 자신들의 움직임을 유한성에서 시간의 이행으로, 아니면 되돌아가거나 서로 교차할 수 있는 시대로 가게 한다. 예를 들어 오늘날 신학·철학 그리고 음악은 더 이상 **중세** 때만큼 강력한 성좌를 조성하지 못한다. 각각의 배치에 고유한 무한성의 신진 대사는 단번에 고정되지 않는다. 그리고 중요한 돌연변이가 내부 영역에서 나타날 때, 그것은 '부산물(낙진)'을 가질 수 있으며, 여러 다른 영역들을 횡단적으로 전염시킬 수 있다(예를 들어 예술과 문학의 영역에서 인쇄 출판에 의한 텍스트와 이미지가 지닌 무한한 잠재적 재생산 가능성의 효과, 혹은 과학의 영역에서 수학적 연산에 의해 획득한 인식적 전이의 역능).

비록 철학적으로 사고하고 과학적으로 인식하며 정치적으로 행동하는 다른 역능들과 원칙적으로 마찬가지일지라도, 느끼는 것이 지닌 미학적 역능은 우리 시대의 언표 행위의 집합적 **배치** 안에서 특권화된 지위를 점하려는 것처럼 보인다. 그러나 이러한 문제에 접근하기 전에 이전의 배치 안에서 그것의 지위를 보다 명확하게 할 필요가 있다.

영토화된 언표 행위의 배치들로 되돌아가 보자. 적절히 말해서 이 배치들은 특수한 역사적 단계를 이루지 않는다. 비록 이 배치들이 글쓰기나 **국가**가 없는 사회들을 특징지을 수는 있을지라도, 선진 자본주의 사회들에서 글쓰기나 국가가 지닌 유산 혹은 심지어는 적극적인 재활성화를 발견할 수 있다. 그리고 의심할 나위 없이 그 배치들이 포스트 자본주의 사회들에서 중요한 위치를 차지한다고 생각할 수 있다. 이러한 종류의 다의미적·물활론(애니미즘)적·개인 횡단적 주체성이 지닌 양상들을 유아기, 광기, 연애 감정, 예술적 창조의 세계 속에서 마찬가지로 발견할 수 있다. 여기에서 원형-미학적 패러다임에 대해 말하는 것이 더 나을 것이다. 우리가 제도화된 예술을, 사회적 장에서 표명된 그 예술의 작업을 가리키고 있는 것이 아니라 발생기 상태에 있고 영속적으로 스스로 전진하고 있는 창조의 차원을, 비물질적인 **세계**를 만들어 내는 기획들의 우연성 및 위험을 포함하는 출현 역능을 가리키고 있다는 것을 강조하기 위해서 말이다. 담론적 시간의 잔여 지평(사회적 괘종시계가 알리는 시간), 즉 영속적인 지속은 기억하기-망각하기의 선택지를 피하고, 깜짝 놀래는 강렬도를, 영토화된 주체성의 정서를 지니고 산다. 여기에서 실존적 **영토**는 동시에 고향, 자기 귀속, 씨족의 부속물, 그리고 우주적 발산이 된다.

배치의 형상에 대한 이 첫번째 사례에서 공간 범주는 전지구적으로 미학화된다고 규정할 수 있는 지위에 있다. 종종 구심적인, 다성적인 공간적 지층들은 다른 측면에서 자신들이 만들어 내는 타자성의 모든 수준들을 자신에게 끌어들이고 식민화하는 것처럼 보인다. 대상들은 다성적인 공간적 지층들과 관련해서 스스로를 횡단적인, 진동적인 지위 속에 놓으며, 그 지층들에 영혼을, 즉 고대적·동물적·식물적·우주적 되기를 부여한다. 이러한 주체들-대상들은 당연히 자율화하도록, 스스로를 물활론적인 핵심 지대로 구현하도록 유도된다. 그것들은 서로가 중첩되고 서로 침투하여 절반은 사물이고 절반은 영혼인, 절반은 인간이고 절반은 짐승인, 기계이자 흐름인, 소재이자 기호 등등인 집합적 본질체들이 된다. 이방인, 낯선 것, 악마적인 타자성은 위협적인 외부라고 하여 축출된다. 그러나 외부의 부문들은 내부와 철저하게 분리되지는 않는다. 나쁜 내부 대상들은 외부 세계들을 지배하는 모든 것에 반응해야 한다. 사실상 어떤 외부도 실제로는 존재하지 않는다. 즉 영토화된 집합적 주체성은 헤게모니적이다. 영토화된 집합적 주체성은 스스로 성찰하는 일반 운동에서 어떤 하나의 가치 **세계**를 다른 가치 **세계**로 펼쳐 가기 때문이다. 그 주체성은 자신의 내적 척도, 자신의 의례적 리토르넬르에 따라 시간들과 공간들에 리듬을 부여한다. 거시 우주(macro-cosme)의 사건들은 자신들이 다른 면에서 설명할 수 있는 미시 우주(micro-cosme)의 사건들에 동화된다. 따라서 공간과 시간은 결코 중립적인 그릇이 아니다. 공간과 시간은 노래, 춤, 조상들과 신들에 대한 이야기 등을 포함하는 주체성 생산에 의해 수행되고 만들어져야 한다. 여기에서 비물질적 본질체들을 발생시키지 않는 물질적 형식을 목표로 하는 어떤 노력[노동]도 없다. 반대로 탈영토화된 무한성을 향하는 모든 충동은 집단적 대자들로 이행하는 즐거움과 그것의 융합적이고 창발적인 신비들과 함께 영토화된 경계들 위에서 전개되는 운동을 동반한다.

탈영토화된 배치들을 통해 가치 증식의 각 부문은 자율화된 초월적 준거극을, 즉 논리적 이상들의 **진리**(Vrai), 도덕적 의지의 **선**(Bien), 공적 공간의 **법**(Loi), 경제적 교환 체계의 **자본**, 미학적 영역의 **미**〔아름다움〕(Beau) 등을 세운다. 초월성의 이러한 재단(découpe)은 주체성의 개별화를 가져오고, 주체성은 **이성**(Raison)·**이해**(Entendement)·**의지**(Volonté)·**정서성**(Affectivité) 등과 같은 모듈적인 시설들로 세분된다. 무한한 탈영토화 운동의 선분화가 이번에는 비물질적인 물상화라는 무형적인 재영토화를 동반한다. 앞에서 설명했던 다성적이며 리좀적이었던 가치 증식은 양극화되고, 마니교화〔이분법화〕되고, 위계화되며, 자신의 구성 요소들을 입자화하면서 특정한 방식으로 불모화되는 경향이 있다. 감각할 수 있는 것과 이해할 수 있는 것, 사고와 연장(延長), 현실계와 상상계 사이의 대립처럼 궁지에 처한 이원론들은 **신**, **존재**, **절대 정신**(l' Esprit absolu), **에너지**, **기표** 등과 같은 전지전능하고 동질적인 초월적 층위들에 의지한다. 따라서 영토화된 가치들의 낡은 상호 의존은——점차 사라지고 귀먹은 것으로 '보증인' 없이, 그리고 심지어는 위험스러운 것으로 스스로를 드러내는 모험을 하면서——그 가치들을 촉진하고 도발하도록 이끌었던 실험, 의례들, 그리고 브리콜라주가 그런 것처럼 사라진다. 초월적 가치는 움직일 수 없고 언제나 이미 거기에 있고, 따라서 언제나 거기에 머물려고 하는 것으로 드러난다. 이와 관련하여 주체성은 영속적인 결여, 선험적인 죄책감에 혹은 기껏해야 (《심판》에서 카프카의 정식을 따르자면) '무한한 연기'[1]의 상태에 머문다. 니체가 썼듯이 '이상에 대한 거짓말'은 '현실성 위에 걸린 저주'[2]가 된다. 따라서 모듈적인 주체성은 초월적 언표 행위자가 선포한 규약·규칙·법률의 무게 아래에서 중립화되는 가치들의 출현이라는 낡은 차원과 아무런 연관이 없다. 모듈적 주체성은 더 이상 표현 소재들에 묶인 가치 증식 부문들의 변화하는 윤곽들에 얽혔든 결과가 아니다. 모듈적 주체성은 물상화된 개별화처럼 수목적 위계에 따라 배치된 **보편**들에 입각하여 재조성된다. 소멸되지 않는 권리들, 의무들, 그리고 규범들은 언제나 마법과 침범을 위한 장소를 마련했던 금지들을 접수한다.

가치들의 이러한 구획화 및 양극화는 가치들이 생겨난 표현 소재들을 평탄화시키고, 체계적으로 자질을 탈취하기 때문에 자본주의적이라고 규정될 수 있다. 이것은 욕망 가치·사용 가치·교환 가치를 형식적으로 동등하게 취급함으로써 가치들을 **자본**의 경제적 가치 증식이라는 궤도로 밀어넣으며, 차별적인 특질들과 비담론적인 강렬도들을 이항적이고 선형적인 관계들의 배타적인 통제 아래 둔다. 주체성은 횡단-기호적이고 무양태적인 언표 행위적 조성들을 만들어 낼 수 있을 만큼 쏟아지는 소통을 통해 표준화된다. 따라서 주체성은 문자적 기계들과 그들의 대중 매체적 화신들에 엄격하게 예속되는 발화를 위해, 다중 의미·운율학·몸짓·흉내·자세의 점진적인 말살을 향해 미끄러진다. 주체성은 자신의 극단적인 현재 형식들에서 비트〔이

---

1) 화가 티토렐리가 주인공 K의 피소 사건과 관련하여 말하는 몇 가지 판결 방식 가운데, 판결을 무한히 연기함으로써 법이 피고를 계속 묶어둔다는 것이다.〔역주〕

2) Friedrich Nietzsche, 《*Ecce Homo*》, préface, trad., Henri Albert, Mercure de France, Paris.

진수) 양으로 계산할 수 있고, 컴퓨터 위에서 재생산될 수 있는 정보 상품권의 교환으로 요약된다. 따라서 모듈적인 개별화는 정신 **시설**들, 자아, 기관들, 타자성이 지닌 인칭론적 · 성적 · 가족적 양태들을 다시 모델화하기 위하여 사회적 지배의 기계학과 양립할 수 있는 부품과 같은 만큼, 낡은 실존적 **영토**들 사이의 복잡한 과잉 결정들을 파괴한다. 이러한 유형의 탈영토화된 **배치**에서 권력의 상상계의 시뮬라크르로서 자본주의적 **기표**는 모든 다른 가치 **세계**들을 초코드화하는 일을 맡는다. 따라서 자본주의적 **기표**는, 지각과 미학적인 정서의 영역에 거주하는, 그럼에도 불구하고──규범적인 잉여성들의 침입에 직면하여, 그리고 유한한 지층들에서 무형적인 무한성으로 가는 탈주선들이 불안정하게 다시 열림으로써──재특이화 및 이질발생이란 저항의 핵심 지대들로 남아 있는 사람들에게 확장된다.

막 출현하는 영토화된 **배치**들처럼 자본주의적인 탈영토화된 **배치**들은 분명하게 규정된 역사 단계들을 구성하지 않는다. (자본주의적 충동들은 이집트 · 메소포타미아 · 중국 제국들의 심장에서, 이후에는 모든 고전 **고대** 시기 동안에 발견된다.) 세번째 유형의 과정적 **배치**는 한정하기가 훨씬 더 어려울 것인데, 이 과정적 배치는 여기에서는 오늘날 그것이 명확하게 드러내는 흔적들과 증상〔징후〕들에 입각해서 전망적으로만 제시될 뿐이기 때문이다. 과정적 배치는 미학적 패러다임을 주변화하기보다, 다른 가치 **세계**들과 관련하여 횡단성이라는 핵심적 지위를 자신에게 부여하는데, 그것으로부터 과정적 배치는 가치 **세계** 각각에게 자기 생산적인 일관성이 지닌 창조주의적인 핵심 지대를 강화한다. 그러나 앞에서 설명했던 가치 **세계**의 사막화와 자급자족〔아우타르키〕의 종말은 출현하는 **배치**들이 영토화된 집계로 회귀하는 것과 같지 않다. 우리는 환원주의적인 초월성의 체제에서 무한성 운동의 유한한 양식들로 재영토화되지 않는다. 다양한 가치 **세계**들의 일반적인 (그리고 상대적인) 미학화는 주체화의 표현 양태들이 지닌 상이한 본성에 대한 재-각성으로 이끈다. 마술, 신비, 그리고 악마적인 것은 더 이상 예전처럼 동일한 토템적 아우라에서 발산되지 않는다. 실존적 **영토**들은 분기되고 이질화된다. 사건은 더 이상 신화 속에 갇히지 않는다. 사건은 과정적 연계의 핵심 지대가 되기 때문이다. 정립된 틀들에 대항하는 예술 운동의 (르네상스 시대 이래 이미, 무엇보다도 근대 시기 동안) 끊임없는 충돌, 즉 자신의 표현 소재들과 자신이 촉진하는 개념들 및 정서들의 존재론적 직조를 갱신하려는 예술의 성향은, 비록 다른 영역들에 직접 전염되지는 않을지라도, 적어도 그 모든 것들을 횡단하는 창조적인 차원들을 부각시키고 재평가하게 만든다. 분명히 예술은 창조를 독점하지 않지만 돌연변이적 좌표들을 발명하고, 전례 없고 예견할 수 없고 생각할 수 없는 존재의 특질들을 만들어 낼 수 있는 능력을 극단적인 지점까지 지닌다. 이러한 새로운 미학적 패러다임을 구성하는 결정적인 문턱은 이러한 창조 과정들이 스스로를 실존적 핵심 지대, 즉 자기 생산 기계로 자기-긍정하는 태도에 있다. 우리는 이미 자신의 원리적 일관성을 보장하는 것으로서 초월적 **진리**에 준거함으로써 구성되는 과학들로부터 수갑을 제거하는 것을 느낄 수 있다. 여기서 초월적 진리는 오늘날 점차 내재적인 경험 사실에 가능한 가깝게 고착되는 조작적 모델화와 관련이 있는 것처럼 보인다. 그러나 **역사**의 우회가 어찌 되었든간에 사회적 창조성은 자신의 낡고 경직된 이데올로기적 구조들, 특히 **국가** 권력의 우월성을 보장하는 것으로 기능하는 이데올로기적 구조들과 여전히 자본주의 시장으로부터 참다운 종교를 만드는 이데올로기적 구조들을 접수〔징발〕하도록 요구받는 것처럼 보인다. 만일 우리가 잠시 자신을 과학적이라고 주장하려 한 정신분석과 같은 학문 분과로 돌아간다면, 정신분석이 이러한 새로운 유형의 미학적인 과정적 패러다임의 보호 아래 있음으로써 모든 것을 얻는다는 것이 점차 분명해질 것이다. 바로 이러한 길을 통해서만 정신분석은 세기초의 광포한 연도들의 창조성을 다시 획득할 수 있을 것이다. 정신분석은 우리 시대의 특이성들 및 돌연변이들을 배치하는 데 적합할 수 있으며 (배열 장치들, 갱신되고 변화에 열린 절차들과 준거들에 따라) 적응적인 모델화를 벗어나는 주체성을 만들어 내는 사명을 가지고 있다. 우리는 이러한 사례들을 복수화할 수 있다. 즉 모든 영역에서 우리는 다음과 같은 세 가지 경향의 동일한 얽힘을 발견할 수 있었다. 내가 무한성 운동이라고 부른 것을 통해 전개되는 준거 **세계**들의 존재론적 이질화, 동일한 하이퍼텍스트[3]나 일관성의 구도에서 이러한 세계들을 분명하게 드러내는 복수적인 유한한 접촉 경계면들을 접합하는 추상적·기계적 횡단성, 자기 생산적 일관성(실존적 **영토**들)의 핵심 지대들의 복수화〔증식〕와 특수화. 이러한 과정적인 미학적 패러다임은 과학적 패러다임들 및 윤리적 패러다임들과 함께 (그리고 그것들에 의해) 작동한다. 과정적인 미학적 패러다임

---

3) Pierre Lévy, 앞의 책 참조.

은 기술과학에 횡단적으로 장착되는데, 기술과학의 기계적 **계통**들이 본질적으로 창조적이기 때문이며, 이러한 창조성은 예술 과정이 지닌 창조성과 연결되는 경향이 있기 때문이다. 그러나 그러한 다리를 놓기 위해서 우리는 기계에 대한 기계학적 전망들을 던져 버려야 하며, 기계가 지닌 테크놀로지적·생물학적·정보과학적·사회적·이론적·미학적 등의 측면들을 동시에 포괄하는 관념을 촉진시켜야 한다. 그리고 여기서 다시 한 번, 종종 인식되지 못하는 기계의 본질적 차원들의 일부를 밝히는 데 가장 좋은 것처럼 보이는 것은 바로 미학적 기계이다. 즉 삶과 죽음과 관련된 유한성의 기계, 자신의 환경의 등록기 안에서 원형−타자성과 그것의 복수적인 함의들을 생산하는 기계, 자신의 무형적인 유전적 친자 관계들의 기계이다.

새로운 미학적 패러다임은 윤리 정치적 함의들을 갖는데, 창조에 대해 말하는 것은 창조된 것, 사태의 굴곡, 이미 정립된 도식들을 넘어서는 분기, 극단적인 양태에 있는 타자성의 운명에 대한 파악과 관련하여 창조적 층위의 책임성을 말하는 것이기 때문이다. 그러나 이러한 윤리적 선택은 더 이상 초월적 언표 행위, 법률 조항, 또는 유일하고 전능한 신으로부터 발산되지 않는다. 언표 행위의 발생 자체는 과정적 창조 운동에 사로잡힌다. 우리는 과학적 언표 행위와 함께 언제나 복수적인 머리들(물론 개별적인 머리뿐만 아니라 집단적인 머리, 제도적인 머리, 경험적 장치·정보 통신·데이터 뱅크·인공 지능 등을 가진 기계적 머리)을 가지고 이것을 분명하게 이해한다. 이러한 기계적 접촉 경계 면들의 분화 과정은 자기 생산 언표 행위의 핵심 지대들을 감속시키고, 준거 **세계**의 가상성의 장을 가로질러 모든 곳에서 스스로 전개되는 한 접촉 경계면들을 부분적이게 만든다. 그러나 주체의 개별화의 이러한 폭발, 접촉 경계면들의 이러한 감속에도 불구하고 우리는 어떻게 여전히 가치 **세계**에 대해 말할 수 있는가? 더 이상 (배치에 대한 첫번째 형상에서처럼) 집계되고 영토화되거나 (두번째 형상에서처럼) 자율화되고 초월화되지 않지만, 가치 **세계**들은 이제 주체적인 생산 양식과 기계적인 생산 양식 두 가지를 계속 사용하고 전개하는 특이하고 역동적인 성좌에서 결정화된다. 우리는 여기에서 기계론(machinisme)과 기계학(méca-nisme)을 혼동해서는 안 된다. 내가 이해하는 의미에서 기계론은, 기계학에는 매우 낯선 자기 생산적–창조적인 과정과 윤리–존재론적('선택 소재'의 실존) 과정이라는 이중의 과정을 함의한다. 이것은 오늘날 세계가 존재하는 방식인 기계들의 거대한 삽입이 스스로를 존재하도록 하는 자기–설립〔창안〕적 지위에 있는 이유이다. 존재는 기계적 본질을 앞서지 못한다. 과정은 존재의 이질발생을 앞선다.

집합적 **영토**들, 초월적 **보편**들, 과정적 **내재성**(Immanence)과 연결된 출현. 이것들은 정신, 인간 사회, 생활 세계, 기계적 종, 그리고 마지막으로 **우주** 자체를 동등하게 포함하는 세 가지 유형의 언표 행위 **배치**를 구체화하는 세 가지 양태의 실천 및 주체화이다. 언표 행위의 그러한 '횡단적' 확장은 철학 전통이 정신과 물질 사이에서 세웠던 (피에르 레비의 표현을 따르자면) '존재론적 철의 장막'의 붕괴를 가져와야 했다. 그러한 횡단적 다리의 설립을 통해 우리는 특정한 유형의 본질체의 실존을 가정할 수 있는데, 그 본질체는 가치 및 가상성의 무형적인 것들이 에너지-공간-시간적 좌표들에 놓인 대상들의 밀도와 동등한 존재론적 밀도를 부여받는 그런 식으로 정신과 물질 양 영역에 거주한다. 더욱이 이질적인 직조를 유지하면서 지역들을 횡단하는 존재의 정체성이 문제라기보다는 동일한 과정적 지속이 문제이다. 플라톤의 **일자-전체**(Un-tout)[4]도, 아리스토텔레스의 **제1동력**(Premier moteur)[5]도 아니다. 이러한 횡단적 본질체들은 형식들과 구조들의 단순한 중립적 지지물을 넘어서 모든 창조 과정들의 절대적 지평에 자리잡는 기계적 하이퍼텍스트처럼 나타난다. 따라서 우리는 자질 혹은 속성을 존재 혹은 실체와 관련해 부차적인 것으로 설정하지 않는다. 또한 모든 가능한 실존 양태들의 순수하고 텅 빈 (그리고 선험적인) 그릇으로서의 존재에서 시작하지 않는다. 존재는 우선 자기-일관성, 자기-긍정이며, 특수한 타자성 관계들을 전개하는 대자적인 실존이다. 대자적인 것과 태타적인 것은 인류의 특권이기를 멈춘다. 왜냐하면 그것들은 어디에서 기계적 접촉 경계면들이 부조화를 만들고, 그 다음에는 반대로 그 부조화에 의해 설립되는지를 어디에서나 결정화하

---

4) 플라톤은 시간과 더불어 변하는 일 없이 동일한 것으로서 머무는 영원불변한 것을 이데아(idea: 形相)라고 불렀다. 이데아는 생성(生成)에 대한 존재, 다(多)에 대한 하나, 타(他)에 대한 동(同)이며, 육체의 감각으로 파악할 수 없고, 영혼의 눈인 이성에 의해서만 관찰할 수 있다고 보았다.〔역주〕

5) 아리스토텔레스는 존재하는 모든 사물에서 으뜸되는 원인들을 탐구하는 학문을 소피아(지혜) 또는 제1철학이라고 부른다. 그것은 동시에 보다 고귀한 존재자를 다루는 학문으로서 신학이기도 하다. 신(神)은 으뜸되는 존재자이기 때문에 모든 사물의 존재 원인이기도 하다. 아리스토텔레스는 신은 질료에서 떠나, 영원불변한 관조(觀照) 안에 머무는 자기 사유자(自己思惟者)로서 최고의 현실태이고, 그것 자신은 부동이면서 '사랑을 받는 것'으로서 일체의 것을 움직이는 '부동의 제1동력'이라고 보았다.〔역주〕

기 때문이다. 더 이상 강조는 다른 등가물들(**자본·에너지·정보** (Information)·**기표**)과 같은 자격으로 과정을 전개하고 폐쇄하고 탈특이화하는 일반적인 존재론적 등가물로서의 **존재**에 두어지지 않는다. 이제 강조는 존재의 방식, 현존재를 생산하기 위한 기계화, 이질성과 복잡성이 지닌 생산적인 실천에 두어진다. 관성적 사실성으로서 실존하는 존재에 대한 현상학적인 이해는 오직 실존적 역겨움이나 침울한 우울증과 같은 한계 경험들의 틀에서만 발생할 뿐이다. 다른 한편 기계적 존재에 대한 파악은 그 대신 복수적이고 다성적인 공간적 및 시간적 포위를 통해, 그리고 실제적인 표명만큼이나 현실적인 직조를 지닌 연산식들, 규제들, 법들의 측면에서 잠재적인, 합리적인, 그리고 충분한 발전을 통해 전개될 것이다. 그리고 여기에서 다시 가상적인 것의 생태학과 생태철학이란 주제가 윤곽을 드러낸다.

현실화된 세계(monde)들과 무형적 **세계**(Univers)들의 이러한 상이한 등록기들을 횡단하는 기계적 본질체들은 **두 얼굴을 지닌 야누스**와 같다. 기계적 본질체들은 몰적 흐름들 안의 담론적 상태에, 가능한 기호적 명제들의 신체를 지닌 전제(前提) 관계에, 특이한 실존 **영토**들 속에 구현된 언표적 핵심 지대 안의 비담론적 상태에, 그리고 외생적 방식에서 비차원적이며 비좌표적인 존재론적 준거 **세계**들에 동시에 실존한다.

어떻게 우리는 이러한 무형적인 것들의 직조가 지닌 비담론적인 무한한 성격을 에너지-공간-시간적 흐름들 및 그것들의 명제적 상관자들의 담론적 유한성과 결합시킬 수 있을까? 파스칼은 '신이 무한하고 분할할 수 없다는 것을 믿지 못하는가?' 라는 질문에 대한 자신의 대답에서 하나의 방향을 보여 준다. '그렇다. 나는 무한하고 분할할 수 없는 어떤 것을 보여 주고 싶다. 그것은 무한 속도로 어느곳이나 움직이는 하나의 점이다. 왜냐하면 그것은 모든 장소에 있고, 각 장소에서는 전체이기 때문이다.'[6] 사실상 (더 이상 빛의 속도라는 아인슈타인의 우주론적인 제한을 존중하지 않는) 무한 속도에 의해 활성화된 하나의 본질체만이 제한된 지시 대상과 무형적 가능성들의 장을 동시에 포괄하려고 할 수 있으며, 그렇기 때문에 동일한 명제의 모순적인 측면에 신뢰성과 일관성을 부여한다. 그러나 '무한하고 분할할 수 없는 것'을 전개하는 이러한 파스칼의 속도로, 우리는 여전히 존재론적으로 동질적이고 수동적이고 미분적인 무한성 위에 남아 있을 뿐이다. 새로운 미학적 패러다임에 고유한 창조성은 우리가 이제 검토할 두 가지 양태 아래 이러한 무한성의 보다 능동적이고 보다 활성화하는 주름(pli)을 요구하는데, 그 양태들의 이중 분절은 여기에서 전망하는 넓은 의미에서의 기계가 지닌 특징이다.

첫번째 카오스모제적 전개(pliage)는 카오스의 역능이 최고로 복잡한 것의 역능과 공존하도록 만드는 데 있다. 바로 무한 속도로 지속적으로 오고-가기[왕복]에 의해서, 복수의 본질체들은 존재론적으로 이질적인 복합체들로 분화되고 자신들의 형상적 다양성을 폐지함으로써, 그리고 동일한 존재-비존재 안에서 동질화됨으로써 카오스화된다. 말하자면 복수의 본질체들은 자신들의 외생적 준거들과 좌표들을 잃지만 [거기서] 복잡성의 새

---

6) Pascal, 《Pensées》, Section 3, p.231.

로운 전하로 투여된 채 재등장할 수 있게 되는 카오스적인 배꼽 지대로 들어가는 것을 멈추지 않는다. 바로 이러한 카오스모제 적인 전개 동안에 실존적 **영토**들이 지닌 감각할 수 있는 유한성 과 실존적 **영토**들에 엮여 있는 준거 **세계**들이 지닌 횡단 감각적 인 무한성 사이의 접촉 경계면이 설치된다. 따라서 우리는 한편 으로는 늦춰진(감속된) 속도의 유한한 세계(여기서는 어디에서나 물러서는 존재-소재의 궁극적 접선에 전혀 이르지 못한 채 하나의 한계가 언제나 하나의 한계를 뒤따라 등장하며, 하나의 구속이 하 나의 구속을 뒤따라 등장하며, 하나의 좌표 체계가 다른 좌표 체계 를 뒤따라 등장한다)와, 다른 한편으로는 무한 속도의 **세계**(여기 서 존재는 더 이상 부정되지 않고 자신의 내생적인 차이들 속에, 자 신의 이질적인 자질들 속에 주어진다) 사이에서 진동한다. 기계, 모든 종의 기계는 언제나 유한성과 무한성의 이 교차로에, 복잡 성과 카오스 사이의 이러한 협상 지점에 있다.

이질적인 존재-특질과 동질적인 존재-소재-무라는 이 두 가 지 유형의 존재론적 일관성은 어떠한 마니교적 이원론도 포함하 지 않는데, 그것들이 본질체적인 내재성의 동일한 구도에서 구 성되고 서로를 감싸기 때문이다. 그러나 카오스와 복잡성의 이 첫번째 내재성 수준에 대한 대가는, 그 내재성 수준이 속도가 떨 어진 카오스모제적인 울혈과 지층으로 하여금, 복잡성의 '이미 지 고정'으로 하여금 다시 한 번 더 카오스 속에 빠지지 않으려 고 되돌아오는 것을 막는 식으로, 반대로 두번째 자기 생산적 전 개가 취할 모든 것들, 즉 제한들·규칙들·구속들·법률들을 만 들어 내도록 유도하는 식으로 안정화·국지화·리듬화하는 열쇠를 제공하지 않는다는 것이다.

사실상 유한한 우연성을 카오스와 복잡성 사이의 그러한 직접적인 경로 위에서 가로채려는 것은 정당하지 않다. 이것에는 두 가지 이유가 있다. 한편으로 카오스에서 출현하여 무한 속도로 거기로 복귀하는 순간적인(곧 사라지는) 복합체는 그 자체 가상적으로 느린(감속된) 속도의 담지자이다. 다른 한편으로 일관성을 전개하는 한에서 카오스모제적인 배꼽은 또한 실존적 장악 및 횡단 단자 현상(transmonadisme)이라는 자신의 두 가지 기능에 의해 유한성을 산출하는 역할을 한다. 따라서 우리는 무한성 및 유한성의 내재성을 복잡성 및 카오스의 내재성에 겹쳐 놓게 될 것이다. 우리는 제한들 및 외재적 좌표들에, 그리고 특수화된 관점들의 촉진에 고유한 유한 속도로 표명되는 일차적인 속도 줄이기는, 철학의 개념 창조를 가지고 철학을 길들이려고 시도하는 무한한 본질체적 속도만큼이나 카오스에 거주한다고 가정해야 할 것이다. 무형적인 복합체들이 지닌 무한한 가상성의 운동은 본질적으로 모든 구성 요소들과 유한하게 현실화할 수 있는 모든 언표 행위 배치들의 가능한 표명을 자신 속에 지니고 있다. 그래서 카오스모제는 영과 무한성, 존재와 무, 질서와 무질서 사이에서 기계학적으로 진동하지 않는다. 즉 카오스모제는 사물의 상태, 신체, 자신이 탈영토화의 지지물로 이용하는 자기 생산적 핵심 지대들 위에 싹트고 새로이 전개된다. 카오스모제는 복잡성의 이질적인 상태와 대결하고 있는 상대적인 카오스화이다. 여기서 우리는 창조적 과정을 통해 무한히 풍부해질 수 있는 가능성들이 지닌 무한히 풍부한 가상적 본질체들의 무한성을 다루고 있다. 새로운 미학적 패러다임을 근거짓는 것은 감각적인 유한성의 근저에 있는 창조적 잠재성을 장악하기 위한 긴장이다. 그 잠재성이 저작들, 철학적 개념들, 과학적 기능들, 정신적이고 사회적인 대상들에 적용되기 '이전에' 무한 속도의 핵심에서 제한된 속도의 사건-등장이 지닌 잠재성은 창조적 강렬도들을 지닌 무한 속도를 구성한다. 무한 속도들은 유한 속도들로 인해 가상적인 것의 가능한 것으로의, 가역적인 것의 비가역적인 것으로의, 연기된 것의 차이로의 전환을 통해 장착된다. 동일한 본질체적 복수성들은 가상적인 **세계**들과 가능한 세계들을 구성한다. 비가역적인 시간성 속에 각인된 무한한 감각적인 분기의 이러한 잠재성은 무-시간적 가역성, 무한성의 무형적인 영원 회귀와 절대적으로 상호 전제한 채 남는다.

주사위 던지기는
결코
실제로 영원한 환경에서 던져질 때조차도

난파선의 깊이로부터……

비가역적인 것의 이러한 돌출[침입], 유한성의 이러한 선택은 오직 그것들이 존재의 기억에 각인되고 분류 및 준거의 축들과 관련해 위치지어지는 조건에서만 틀지어지고 상대적인 일관성을 획득할 수 있다. 자기 생산적인 주름은 전유(즉 실존적 장악)와 횡단 단자적 기입이라는 자신의 두 가지 떼놓을 수 없이 결합된 측면들을 작동시킴으로써 이 두 가지 요구에 대응할 것이다. 그러나 실존적 장악은 외재성과 횡단 단자적인 타자성을 전개할 정도로, 그리고 외재성도 타자성도 우선 관계에서 혜택을 입지 않고 우리가 다른 의미를 언급하지 않고서는 어떤 의미에 접근할 수 없는 식으로 단자에 자기-일관성을 부여할 뿐이다.

그럼에도 불구하고 장악 측면에서 시작해 보자. 장악은 다음 것들을 '결합' 시킨다.

— 복합체와 그것의 카오스모제적 배꼽의 개별 자율성, 그들의 구별, 그들의 절대적 분리.

— 이중적인 내재성의 동일한 구도 안에서 그것들의 아주 절대적인 연관.

우리는 그러한 양가적인 위치 설정 및 융합적 폐지의 경험을 클라인의 부분 대상——타자와 그리고 우주와의 투사-투입 관계 속에 자아를 해소하면서도 자아를 결정화하는 가슴, 얼굴들, 남근……——에 대한 이해를 통해 얻는다. 장악을 통해 파악된 무형적 복합체는 탈출구, 자신의 무한 속도의 축출, 자신의 원시적 감속을 격발시킬 횡단 단자적 선분과 만나는 모험-사건을 가져오기 위해서만이 자신의 유한성 특징을 수용할 수밖에 없을 것이다. 문턱을 이렇게 넘기 이전에 무형적 복합체의 실존은 조성 및 배치——현실화를 위한 후보자들——의 실존만큼이나 우연적이고 덧없는 것으로 남아 있다. 복합적인 본질체적 복수성은 하나의 자기 생산적 핵심 지대에 의해 지표화될 뿐이다. 여기서 우리는 꿈의 복잡성 특징의 야만적 탈주와 더불어 꿈에 대한 첫번째 회상의 경험을 떠올린다. 모든 것은 횡단 단자 현상이 이러한 첫번째 자기 생산적 고리를 기입하고 변형하기 위해 장면에 진입할 때 진정 시작된다. 우리는 역시 이 측면에서 다시 시작해야 한다.

단자를 조성하는 다양성의 무화(無化), 탈극화, 분산이라는 영
원한 신진 대사는 단자로 하여금 고유한 정체성을 한정하지 못
하도록 막는다. '주어진' 단자의 융합적 무(無)는 다른 단자의 무
에 거주하며, 그래서 무한성에, 스트로보스코프[7]적인 공명으로
향한 다방향적 릴레이의 경로에 거주한다. 전능하고 동시에 무
력한 그러한 무화의 흔적은 어떻게 유한성의 재등장을 위한 기
입 수단이 되며, 어떻게 탈영토화되는가? 그것은 오직 무한한
사라짐, 절대적인 흩어짐이 있었던 곳에서, 횡단 단자적 매끄러
움이 무형적 복합체들의 질서〔순서〕를 결정화할 수 있게 허용하
는 질서잡힌 선형성을——우리는 하나의 일관성 지점에서 다른
일관성 지점으로 나아간다——도입하기 때문이다. 카오스모제
는 여기에서 **전환 기계**의 변환 장치 머리처럼 기능한다. 카오스
적인 무(無)는 복잡성을 만지작거리면서 풀어내며, 복잡성을 자
기 자신과, 자신과는 다른 것과, 자신을 바꾸는 것과 관련짓는
다. 차이의 이러한 현실화는 사물의 경계들, 불변자들, 상태들
이 접목될 수 있는 집계적 선택을 수행한다. 이미 우리는 더 이
상 무한한 소멸 속도 속에 있지 않다. 남겨진 어떤 것이, 남아 있
는 것이, 유사한 것들과 유사하지 않은 것들의 선별적인 설립이
있다. 무한한 복합체들과 공존하면서 유한한 조성물들은 외생적
좌표들에 삽입되고, 언표 행위 배치들은 타자성의 관계들 속에

---

7) Stroboscope. 시각 잔영을 이용하여 회전 운동이나 진동 주기를 측정하
는 관찰 도구. 필름 프로젝터처럼 **빠른** 속도로 연속해서 고정된 그림들을
보내는 장치.〔역주〕

끼어든다. 모든 정렬의 주형인 선형성은 이미 감속하고 있는 것, 즉 실존적 끈적거림[응고]이다. 그것은 자신의 유형적 일관성을 사물의 상태와 자기 생산적 관점들에 부여하는 것이 무화의 지속이든지, 아니면 오히려 강렬한 탈영토화의 지속이든지 모순적인 것처럼 보일 수 있다. 그러나 이러한 유형의 선형적이고 리좀적인 거리[올바른 평가를 위해 필요한 거리] 두기만이 담론적인 감속과 비-분리의 절대 속도라는 이중 체제 아래에 현재 살고 있을 복잡성을 선택하고, 정렬하고, 측정할 수 있다. 선택된 가상적 복합체는, 그렇다면 일시적이고 영원할 수 있으며 가치 **세계**들에 대한 현상학적인 이해에서 쉽게 인식될 수 있는 원형-시간성에 의해 감싸인 비가역적 사실성으로 특징지어진다. 사후 효과에 의해 횡단 단자 현상은 공간적 좌표들, 시간적 인과성들, 에너지적 단계들, 복합체들의 교차 가능성들의 원시적 카오스적 수프 속에서 가치론적 분기들과 돌연변이들에 의해 조성된 존재론적인 '성(sexualité)' 전체를 결정화한다. 이처럼 자기 생산적 질서화의 두번째 주름——극도로 활동적이며 창조적인——은, 첫번째 카오스모제적인 주름의 고유한 수동성에서 벗어난다. 수동성은 유한하고 '통제된' 복잡성의 풍부화가 등장할 수 있는 근거인 한계, 틀거리, 감각적인 리토르넬르로 변형될 것이다. 반면 존재론적인 이질성은 타자성으로 변형될 것이다. 일차적 감속과 선택이란 그러한 사건-발생이 일어날 때까지——그 사건-발생이 횡단 단자적으로 자기 생산적 씨실에 기입되는 순간부터——아무것도 작동하지 않을 것이다. 가상적인 관점의 그러한 우발적인 한계는 우연성의 주름, 혹은 유한성의 '선택[도태]'의 추출에서 필수적이며 충분한 사건이 된다. 이제부터 우리는 그것을 가지고 하며, 거기서부터 출발하여 그것으로 돌아가 그 주위를 맴돌아야 한다.

유한성의 결정(結晶)들의 이러한 분봉(分蜂)과 가능성의 끌개들의 이러한 쇠퇴를 통해 상대성과 광자 교환의 영토화 경계들과 같은 영토화 경계들·규제들·긴장들은 과학적 배치들이 기능들로, 상수들·법칙들로 기호화할 행위 양자의 경계들과 같은 그런 경계들을 돌이킬 수 없이 촉진한다. 그러나 결정적인 점은 횡단 단자적 스퍼트[도주]는 무화의 고정된 지평으로 해소되기는커녕 무한히 선회하는 탈주선을 따라 오그라든다는 것이다. 그런데 이상한 끌개들의 선회처럼 이 탈주선의 선회는 언제나 가능한 과정적 재충전(새로운 행렬적 분기를 위한, 영토화된 지층화의 엔트로피를 피하고 돌연변이적인 언표 행위 배치의 창조로 열리는 에너지적 전환을 위한 매개)과 무한한 형상들의 현실화 사이의 교차로에서 카오스에 일관성을 부여한다.

새로운 과정적 패러다임을 특징짓는 것은 바로 창조성의 이러한 존재론적 근원으로 향하는 긴장이다. 그 긴장은 능동적인 것과 수동적인 것이라는 두 가지 무한성의 조성 가능성을 현실화하는 언표 행위 배치들의 조성에 개입한다. 자본주의적 일신주의의 긴장과도 같은 강요되고 긴장병적이고 추상적인 긴장이 아니라, 돌연변이적 창조성으로 활성화되고 언제나 재고안되고 언제나 사라질 존재가 되는 긴장이다. 자기 생산이 지닌 장악 및 횡단 단자 현상이란 사건—발생에 고유한 비가역성은 순환적이고 재영토화하는 반복들에 대한 영구한 저항과 공존하고, 미학적 틀거리들, 부분 관찰이라는 과학적 배열 장치들, 철학적인 개념적 몽타주들, 정치적이거나 정신분석적인 (생태철학) '거주지(oïkos)'의 자리잡기 등의 끊임없는 갱신과 공존한다. 감각적인 유한성으로의 침몰에 입각하여 새로운 무한성들을, 가상성뿐만 아니라 상황들 속에서 현동화될 수 있는 잠재력들로 충전된 무한성들을 생산하는 것은 전통적인 예술들·철학·정신분석이 목록화한 **보편들**에서 벗어나고 그것들을 우회하는 것이다. 즉 색다른 언표 행위 배치들, 색다른 기호적 자원들을 영구히 촉진하는 것, 강렬하고 과정적인 되기들, 자신의 출현 지점에서 파악된——비-외국인 혐오적·비인종주의적·비남근적——타자성을 포함하는 미지의 것에 대한 새로운 사랑……을 포함하는, 최종적으로 지배적인 주체성에 의해 증류된 유아적 '재확인'인 합의를 깨뜨리는 특이성의 정치학 및 윤리학. (다른 모든 학문 분과에서처럼 무의식에 대한 분석에서) 무-의미의 생략과 해결할 수 없는 모순들과 결연하게 영원히 대결하도록 하는 이러한 창조주의의 지점들에 투여하며, 그 모순들을 불투명하게 만드는 모든 유형의 독단주의는 복잡성과 카오스 사이의 단락의 표명들이다. 예를 들어 복수적인 재특이화 벡터들, 현동화를 추구하는 사회적 창조성의 끌개들을 감추는 민주적 카오스. 여기서는 우발적인 신자유주의와 그것이 시장 경제, 단일한 시장, 자본주의적 권력의 잉여성의 시장, 시장 경제에 대해 지닌 환상이 문제가 아니라, 가치 증식 체계의 이질발생과 새로운 사회적·예술적·분석적 실천들의 부화(孵化)가 문제이다.

따라서 단자 상호간의 횡단성의 문제는 단지 사색적인 성격만을 지닌 것은 아니다. 그것은 오늘날 수많은 영역에서 지배적인 학문 분과들의 봉합, 가치 **세계**들의 유아론적인 재폐쇄에 대해 문제 제기하는 것이다. 정신병의 치료적 배치들을 촉진하기 위해 아주 필요한, 신체에 대한 개방적인 재규정이란 마지막 예를 들어 보자. 부분적인 자기 생산적 구성 요소들과 개별적으로뿐만 아니라 집합적으로 작동하며 복수적이고 변화하는 형상들의 상호 침투로 여겨지는 신체. 모든 '신체들' —— 사색적인 고유한 신체, 환상적인 신체, 신경학적 신체 도식, 생물학적이고 유기체적 체세포, 면역체적 자아,[8] 가족적이고 환경적인 생태 체계 안에서의 인칭론적 정체성, 집합적 안면성, (신화적·종교적·이데올로기적……) 리토르넬르. 많은 실존적 영토성들이 동일한 횡단적 카오스모제에 의해 연계되고, 많은 단자적 '관점들'이 프랙털한 상승 및 하강을 통해 증축되거나 구축되듯이, 분석적·제도 요법적·정신 약리학적 접근법과 결합된 망상적인 개인적 재조성이나 미학적 성격의 권위를 빌린다. 그것은 부분적인, 그러나 가장 다양한 타자성의 장들에 열려 있는 영토들을 선언하는 것과 마찬가지이다. 이것은 가장 자폐적인 재폐쇄가 주위의 사회적 성좌들 및 기계적 **무의식**, 역사적 콤플렉스들, 그리고 우주적 난점들과 직접적으로 관련될 수 있다는 것을 밝혀 준다.

---

8) Anne-Marie Moulin, 《*Le dernier langage de la médecine. Histoire de l'immunologie de Pasteur au sida*》, P.U.F., Paris, 1991.

7

생태철학의 대상

 지정학적인 형상은 상당한 속도로 변화하고 있는 반면 과학 기술, 생물학, 컴퓨터 기술, 정보 통신, 매체의 **세계**는 매일 우리의 정신적 좌표들을 한층 더 불안정하게 만든다. 제3세계의 빈곤, 인구 문제, 도시 조직의 엄청난 증대와 타락, 오염에 의한 생물권의 은밀한 파괴, 그리고 새로운 테크놀로지적 여건에 적합한 사회 경제를 재조성할 수 없는 현 체계의 무능력, 이 모든 것은 정신·감성·의지를 동원하는 데 협력해야 할 것이다. 반대로 우리를 절망의 늪으로 빠뜨릴지도 모르는 역사의 가속화는 매체가 작동하며 만들어 내는, 사실 진부하고 유치한 감각주의적 이미지에 의해 은폐된다.

 생태학적 위기는 사회적인 것, 정치적인 것, 실존적인 것의 더욱 일반적인 위기에서 비롯된다. 여기서 제기되는 문제는, 정신이 인간적 합목적성(finalité) 전체를 잃은 생산주의에 근거한 특정한 발전 형태를 보증하지 않도록 하는 일종의 심성〔정신〕 혁명의 문제이다. 그러면 예리하게 문제는 심성(mentalité)을 어떻게 변화시키는가, 인간에게——인간이 그것을 가졌다면——책임감을 되돌려 줄 사회적 실천들을 어떻게 재발명하는가 하는 것이다. 여기서 책임감이란 인간 자신의 생존에 대해서뿐만 아니라 음악·예술·영화·시간에 대한 인간의 관계 방식, 타인에 대한 사랑이나 열정, 우주 속에서의 융합 감각 같은 무형적 종의 미래에 대해서뿐만 아니라 지구상의 모든 생명의 미래에 대해서, 동물종과 식물종의 미래에 대해서도 똑같이 지니는 책임감이다.

낡은 이데올로기, 사회적 실천, 전통적인 정치를 철저하게 가치 하락시켜 온 역사적 상황에 적용되는 집단적인 협력 및 행동 방법을 재조성하는 것이 확실히 필요하다. 이와 관련하여 새로운 정보 수단은 유사한 가공 및 개입 수단의 갱신에 기여한다는 것을 전혀 배제할 수 없다는 점을 지적해 두자. 그러나 새로운 정보 수단이 그 자체로서 창조적 불꽃을 일으키고, 건설적인 전망을 전개할 수 있는 인식의 핵을 만드는 것은 아니다. 단편적인 기획, 때로는 불안정한 발의, 모색적인 실험, 새로운 언표 행위의 집단적 배치에 입각하여 세계를 지금까지와는 다르게 보고 만드는 방식들, 다른 존재 방식들, 서로 열리고 점화되어 풍부하게 되어가는 양태들을 새롭게 만드는 색다른 방식들을 찾는 것이 시작된다. 참신한 인식권에 가까이 가는 것이 문제가 아니라, 정서적 양식에서 돌연변이적인 실존적 가상성(virtualité)을 감지하고 창조하는 것이 문제다.

역사의 주체적 요인에 대한 이러한 이해, 그리고 가상적인 것의 진정한 생태학을 촉진시키는 윤리적 자유의 도약은, 결코 자신에게로의 후퇴(초월적 매개 형태)나 정치적 개입의 부정을 의미하지 않는다. 반대로 그것은 정치적 실천을 새롭게 근거지을 것을 요구한다.

18세기말 이래 과학과 기술이 선진 사회들에 끼친 영향은——

종종 **국가**를 이해하는 데서 자코뱅주의적인——진보적 흐름과 전통적인 가치로의 고정화를 지지하는 보수적 흐름 사이의 이데올로기적·사회적·정치적 양극화를 동반해 왔다. 바로 **계몽**·자유·진보의 이름으로, 다음에는 노동자 해방의 이름으로, 좌우라는 축이 일종의 토대적 준거로서 구성되었다.

오늘날 사회민주주의는 자유주의는 아니지만 적어도 시장 경제를 우선시하는 것으로 전환되었고, 반면에 국제 공산주의 운동의 전반적인 붕괴는 이러한 양극성의 극단의 한쪽에 큰 구멍을 남겼다. 이러한 조건에서 우리는 일부 생태주의자들의 슬로건이 '좌익도 아니고 우익도 아니다'라고 하듯이 그 양극성이 사라져야 한다고 생각해야 하는가? 탈근대론(포스트모더니즘)의 어떤 지지자들이 확언하듯이 사회적인 것 자체는 미끼처럼 사라지는 것은 아닐까? 이러한 입장들과는 반대로 나는 진보주의적 극이 덜 자코뱅주의적이고 더 연방주의적이고 보다 이견을 지닌 더욱 복잡한 도식들을 통해 재구성되어야 한다고 생각한다. 그리고 이 도식과 관련하여 보수주의·중앙 집중주의, 심지어 신파시즘의 상이한 혼합물들이 재정립될 것이다. 전통적인 당구성체는 상이한 국가적 톱니바퀴에 너무 얽혀 있기 때문에 의회민주주의 체계는 하룻밤 사이에 사라지지 않는다. 선거민들의 증가하는 불만뿐만 아니라 투표를 계속하는 시민들 쪽에서의 명백한 확신의 결여라고 번역되는 당의 분명한 신뢰 상실에도 불구하고 그러하다. 정치적·사회적·경제적 내기〔게임〕는, 대개 거대 대중 매체의 동원에 불과한 선거전을 점점 더 피해 간다. 특정한 '정객 정치(politique politicienne)' 형태는 우리 시대의 전지구적인 문제들에보다는 매우 국지적인 영역의 질문들에 더 잘 적응하는 새로운 형태의 사회적 실천에 직면하여 사라질 운명에 있는 것 같다.

동구 나라들의 대중들은 비록 서구 모델에 유혹당한 것이지만 전체주의로부터 벗어나서 다르게 살기 위해 일종의 집단적인 카오스모제에 참여했다. 그러나 '사회주의'의 실패는 또한 수십 년 동안──뜨겁거나 차가운──공생 관계를 이루며 살았던, 이른바 자유주의 체제들의 간접적 실패이기도 하다는 것이 점차 분명해지고 있다. 통합된 세계자본주의(Capitalisme Mondial Inté-gré)가 대부분의 자신의 성채에서──사실 상당한 생태학적 황폐화와 잔혹한 분리 차별을 희생으로 하여──지속적인 경제 성장을 보증하려고 하였지만, 제3세계 나라들을 침체에서 벗어나게 할 수 없었을 뿐만 아니라 동구 나라들과 소련을 괴롭히는 거대한 문제들에 대해 매우 부분적인 대응들 외에 아무것도 제공하지 못하여, 현재 출구가 전혀 없는 것처럼 보이는 유혈적인 인종간 시련들을 격화시키고 있기 때문이라는 의미에서 실패이다.

확장된 생태학적 인식은 '녹색' 당들의 선거를 통한 영향을 상당히 넘어서는 것인데, 원칙적으로 생산을 위한 생산이라는 이데올로기를, 즉 비용 체계와 무익한 소비주의라는 자본주의적 맥락에서 이윤에만 집중된 생산 이데올로기를 다시 문제삼도록 한다. 목적은 더 이상 지배하는 부르주아지와 관료제를 대신하여 국가 권력을 단순히 통제하는 것이 아니라, 그것 대신에 설립할 것을 정확히 규정하는 것이다. 이와 관련하여 진보주의적인 지도 제작의 재조성에 관한 앞으로의 논쟁에서 다음과 같은 두 가지 보완적인 주제가 전면에 등장할 것으로 보인다.

— **국가**를 재정의하는 것. 또는 오히려 실제로 다양하고 이질적이며 종종 모순적인 국가 기능을 재정의하는 것.

— 시장 개념의 해체, 그리고 경제적인 활동을 주체성 생산에 재집중하는 것.

국가 기계들의 관료화·경직화·전체주의로의 경사는 **동구** 나라들에 관련될 뿐만 아니라 서구 민주주의들과 제3세계 나라들에도 관련된다. 일찍이 로자 룩셈부르크와 레닌이 제기한 국가 권력의 사멸은 전보다도 더욱 활발히 작동하고 있다. 공산주의 운동은 모든 영역에서 국가주의의 폐해에 대항하여 효과적으로 투쟁해 오지 못하였기 때문에——사회민주주의가 그랬던 것보다는 덜하지만——신임을 잃었다. 그리고 그러한 이데올로기를 표방한 당들이 시간이 지나면서 국가 장치의 부속물로 되어 버렸기 때문이다. 최악의 주체적 조건(민족주의, 개혁반대주의, 인종 증오……)에서 민족 문제들이 다시 나타나고 있다. 추상적이고 허구적인 국제주의에 대한 대안으로서 어떤 적당한 연방주의적인 대응이 전혀 진전되지 않았기 때문이다.

세계 시장이라는 신자유주의 신화가 지난 수년 동안 믿을 수 없는 암시 능력을 지녀왔다. 이 신화에 따르면, 어떠한 경제적 집합체도 세계 시장의 법칙에 따라 그것이 지닌 문제들을 마술에 의한 것처럼 충분히 해결한다. 그러나 이러한 시장에 들어갈 수 없는 아프리카 **국가**들은 경제적으로 무위도식하고 국제적인 도움을 구걸하도록 운명지어져 있다. 피억압인들의 저항이 계속되고 있는 브라질과 같은 **국가**는 세계 경제와의 관계 속에서, 그리고 엄청난 인플레이션으로 불안정하다. 반면에 칠레와 아르헨티나 같은 나라들은 IMF의 통화주의적 요구에 따랐지만, 주민의 80퍼센트를 상상할 수 없는 빈곤에 빠뜨리면서 인플레이션을 다소 억제하며 재정을 안정화시킬 수 있었을 뿐이다.

실제 헤게모니적인 하나의 세계 시장이 존재하는 것이 아니라, 권력 구성체와 같은 수만큼의 부문별 시장들만이 존재한다. 금융 시장, 석유 시장, 부동산 시장, 군비 시장, 마약 시장, NGO〔비정부조직〕시장……은 같은 구조도, 같은 존재론적 직조(texture)도 가지고 있지 않다. 그러한 다양한 시장들은 그 시장을 유지하는 권력 구성체 상호간에 정립된 역관계를 통하여 서로 조정될 뿐이다. 오늘날 새로운 생태학적 권력 구성체가 우리 코앞에 나타나고 있으며, 그와 병행하여 새로운 생태 산업이 다른 자본주의적 시장들 안에 자리잡는 과정에 있다. 자본주의적 동질 발생을 상쇄시키는 이질적인 가치 증식 체계는 세계 시장이 가져온 폐해에 대해서 수동적으로 항의하기보다는, 오히려 새로운 세력 관계 안에서 자신을 긍정할 자신들의 고유한 권력 구성체들을 설립해야 한다. 예를 들어 예술적 배치는 마약 시장과 공생하는 재정적인 시장에 손발이 묶인 채 살지 않도록 스스로를 조직해야 할 것이다. 교육 시장은 국가 시장에 절대적으로 의존한 채 있을 수 없다. 도시 생활과 탈-대중 매체적 소통이 지닌 새로운 특질을 가치 증식하는 시장들을 발명해야 할 것이다. 세계 시장이라는 자본주의적 가치 증식의 헤게모니가 지닌 불합리성을 파괴하는 것은, 그렇게 말할 수 있다면 우리가 목격하고 있는 내부 파열의 진전을 가로질러 사회적 배치의 가치 세계와 실존적 영토에 일관성을 부여하는 것이다.

주체성에 관한 환원주의적 접근법을 거부하기 위하여, 우리는 다음과 같은 네 가지 차원을 지닌 생태철학적 대상에 입각하여 복잡성 분석을 제안해 왔다.

— 물질적·에너지적·기호적 **흐름**.

— 구체적이고 추상적인 기계적 **계통**.

— 가상적 가치 **세계**.

— 유한한 실존적 **영토**.

흐름에 대한 생태 체계적 접근법은 살아 있는 유기체 및 사회 구조와 관련한 인공 지능적인 상호 작용과 역작용에 대한 필수 불가결한 인식을 나타낸다. 그러나 마찬가지로 각자 자신들의 고유한 방식으로 특정한 카오스모제 형상으로 특징지어지는 존재론적 지층들의 집합체 사이를 횡단하는 다리를 만드는 것이 문제이다. 여기서 사람들은 물질적이고 에너지적인 흐름의 가시화되고 작동중인 지층, 유기적 삶의 지층, **사회체**의 지층, 기계권의 지층, 그리고 음악·수학적 관념성의 무형적 세계에 대해, 욕망의 **되기**(Devenir)들⋯⋯에 대해 생각하고 있다. 횡단성은 '이미 거기에' 결코 주어진 것이 아니라 항상 실존의 화용〔실용〕을 통해 정복되어야 한다. 이 지층들, 이 **되기**들과 **세계**들 각각 안에서 무한자의 특정한 신진 대사, 초월성의 협박, 내재성의 정치학이 문제로 된다. 이들 각각이 존재하기 위하여 부분적 언표 행위의 구성 요소들이 존재하지만 그것들이 인식되지 않은 경우에, 그리고 과학주의·독단주의·기술관료제가 그것들이 나타나지 못하도록 하는 경우에 부분적 언표 행위의 구성 요소들을 밝힐 것을 요구하는 분열분석적이고 생태철학적인 지도 제작이 요구된다. 그러므로 카오스모제는 **흐름**·**영토**·**세계**·기계적

계통이란 네 가지 존재론적 차원의 불변적인 조성을 전제하지는 않는다. 카오스모제는 르네 톰의 이론에서 카타스트로프의 보편적 형상의 경우처럼 미리−정립된 도식을 지니지 않는다. 카오스모제의 지도 제작적 표상[재현]은 유한성, 불가역적인 구현, 과정적 특이성, 그리고 외부적인 담론적 좌표 안에 직접 놓을 수 없는 가상적 **세계**의 생산 등의 구성 요소에 근거한 실존적 생산 과정의 일부를 이룬다. 그 구성 요소들은 존 재론적 이질발생을 통해 존재하게 되고, 감각의 절단과 실존적 반복으로서의 의미 작용 세계 안에서 자신을 긍정한다. 일상 세계에서 이러한 리토르넬르의 위상은 예를 들어 신화적 · 문학적 · 환영적 그리고…… 이론적 서사성이 지닌 파생적이고 비기표적인 기능으로서 현실화될 것이다.

과학적 도표 체계에 근거하여 견고하게 구축되었다고 주장하는 마르크스주의와 프로이트주의의 이론적 담론들은, 자신들 자체가 부분적 주체화의 그러한 핵심 지대를 결정화하는 만큼만 자신들의 사회적 확정성을 발견했다. 실존적 **영토**와 무형적 **세계**에 입각하여 언표 행위를 메타 모델화하려는 우리의 시도는 분명히 언표 행위를 직접적이고 객관적으로 표상할 수 없다는 점을 모른 체하지 않는다. 단순히 우리의 이론적 리토르넬르는 **무의식** · 구조 · 체계……의 현행 표상들보다 더 탈영토화될 것이다. 언표 행위의 비담론적 차원을, 그리고 복잡성과 카오스 사이의 필수적 접합을 파악함으로써 우리는 **흐름**, 기계적 **계통**, 가치 **세계**, 실존적 **영토**에 횡단적인 존재론적 직조의 요소——이제 다중 구성 요소적이고 강력한 전망에서 인식된 존재(être) 이전의 존재(l' être)——로서 부분 대상적 본질체라는 개념을 진전시키게 된다. 무한 속도로 활성화된 본질체는 시간과 공간이라는 범주를, 그리고 결과적으로 속도 관념조차 해체한다. 속도의 강렬한 감속에서 대상, 한정된 집합체, 그리고 부분적 주체화의 범주가 도출된다. 탈영토화의 카오스모제적 주름과 언표 행위의 자기 생산적 주름은 실존적 파악 및 횡단 단자 현상과 접촉하여 주체–대상 관계의 핵심에, 그리고 모든 표상 층위 안에, 생태체계적 필수품들 한가운데에 자유와 자유의 윤리적 어지러움을 묶어내는 창조적 과정성(processualité)을, 존재론적 책임을 이식한다.[1]

충동보다는 기계, 리비도보다는 **흐름**, 자아 층위와 전이 층위보다는 실존적 **영토**, 무의식적 콤플렉스와 승화보다는 무형적 **세계**, 기표보다는 카오스모제적인 본질체에 대해 말하는 것, 세계를 상부 구조와 하부 구조로 나누기보다는 존재론적 차원들을 원을 그리듯이 짜맞추는 것이 단지 용어의 문제는 아닐 것이다! 개념적 도구는 가능성의 장을 열고 닫으며, 가상성의 **세계**를 결정화한다. 이러한 개념 도구의 실용적인 낙진[영향]은 종종 예견할 수 없고 서로 떨어져 있고 상이하다. 다른 사람이 다른 목적을 위해 [그 개념들 가운데] 무엇을 택할지, 또는 이러한 개념이 어떤 새로운 분기를 만들지 누가 알겠는가!

존재가 새로운 미학적 패러다임의 보호 아래에서 이질발생의 궁극적 대상이 되는 경우에 지도 제작과 생태철학적 메타 모델

---

1) '후손(progéniture)'과 관련한 윤리적 의무에 대해서는 Hans Jonas, 《*Le Principe de responsabilité*》, Cerf, Paris, 1991.(이진우 옮김, 《책임의 원칙》, 서광사, 1999)

화라는 활동은 동시에 **대학**이 우리에게 적응토록 한 개념 생산보다도 더 신중하고 더 대담해야 한다. 지속성이나 모든 고정된 과학적 토대에 대한 어떠한 주장도 부정하는 점에서 더 신중해야 하고, 기계적 변이와 그것의 주체적인 '자본주의화〔포획〕' 사이에 현재 일어나고 있는 비상한 속도 경쟁에 끼어드는 점에서 더 대담해야 한다. 따라서 혁신적인 사회적 · 미학적 · 분석적 실천에 개입하는 것은, 전문적인 이론가들에게서뿐만 아니라 생태철학적 대상의 복잡성에 고유한 카오스모제적인 횡단성과 대결한 언표 행위 배치에서도 나오는 사색적 상상의 강렬도 문턱을 넘어서는 것과 관련되어 있다. 그리고 생물권과 기계권의 전지구적인 운명에 만큼이나 정신과 사회체의 미시적 측면들에도 관련된 윤리-정치적 대안들을 여는 것은, 지금부터 모든 영역에 현존하는 가치 증식 양식의 존재론적 근거에 대해 끊임없이 다시 문제 제기할 것을 요구한다.

따라서 이러한 지도 제작 활동은 다양한 방식으로 구체화될 수 있다. 정신분석이나 가족 치료의 면담, 제도분석의 집회, 〔정신분석 대안〕 연결망의 실천, 사회-직업적 집합체들이나 이웃 집합체들……은 우리에게 왜곡된 예시를 보여 준다. 이 모든 실천에 공통적인 특징은 말에 의한 표현인 것 같다. 오늘날 정신, 커플, 가족, 이웃 생활, 학교, 그리고 시간, 공간, 동물 생활, 음악, 조형적 형태와의 관계——이 모든 것은 말해질 수 있게 되어야 한다. 그럼에도 생태철학적 (또는 분열분석적) 접근법은 단지 말로 하는 표현 수준에만 한정되지 않는다. 물론 말〔발화〕은 하나의 본질적인 매개 수단이지만 유일한 매개 수단은 아니다. 결국 의미 작용적 연쇄를 단락시키는 모든 것, 자세, 얼굴 표정,

공간적인 배치, 리듬, 혹은 (예를 들어 화폐 교환과 관련한) 비기표적인 기호적 생산, 기호의 기계적인 생산은 이러한 형태의 분석적 배치에 관련될 수 있다. 말 자체는──그리고 나는 이것을 지나치게 강조할 수는 없다──실존적 리토르넬르의 지지물인 한에서만 여기에 개입한다.

따라서 생태철학적 지도 제작의 첫번째 목적은 의미화하고 소통하는 것이 아니라, 어떤 상황의 특이점들을 파악할 수 있는 언표 행위 배치를 생산하는 것이다. 이러한 전망 속에서 정치적이거나 문화적인 성격의 모임들은 분석적으로 될 사명을 지닐 것이며, 반대로 정신분석적인 작업은 다양한 미시 정치적 등록기〔작용 영역〕 속에 기반하도록 요청된다. 따라서 의미의 절단, 이견은 프로이트주의에서의 징후처럼 특권적인 일차적 소재가 된다. 따라서 생태철학적 언표 행위의 사적이거나 공적인 무대에서는 '개인적인 문제'가 들어올 수 있어야 한다. 이 점과 관련하여 프랑스 생태 운동이 그 다양한 구성 요소 속에서 현재 기층의 층위들을 살릴 수 없다는 것이 어떻게 드러나는지 지적하는 것은 인상적이다. 프랑스 생태 운동은 환경적인 혹은 정치적인 성격의 담론에 완전히 빠져 있다. 프랑스 생태론자들에게 그들이 거주하는 구역에 있는 부랑자를 돕기 위해서 무엇을 하겠느냐고 물으면, 그들은 일반적으로 그것은 자신들의 관할이 아니라고 대답한다. 또한 그들에게 특정한 독단주의에서, 그리고 소집단의 실천에서 어떻게 벗어나려고 하는지 물으면, 그들 가운데 많은 사람들은 그 질문은 근거가 있다고 인정하지만 너무나 당황하여 어떤 해결책도 제시하지 못한다! 진실로 문제는 오늘날 어떻게 좌익과 우익에 대해서 등거리를 유지하는가가 아니라

진보주의적인 하나의 극을 재발명하는 데 기여하고, 색다른 기반 위에 정치를 재구축하고, 공적인 것과 사적인 것을, 사회적인 것, 즉 환경적인 것과 정신적인 것을 횡단적으로 재접합하는 것이다. 이러한 방향으로 나아가기 위해서는 다분히 처음에는 소규모로 출발하여 나중에는 더 커다란 규모로, 새로운 협력·분석·조직화 형태의 층위에서 실험해야 할 것이다. 오늘날 프랑스에서 대단히 장래성이 있는 것처럼 보이는 생태 운동은 (즉 주체성의 집합적 배치라는 완전히 새로운 의미에서) 전투적인 층위를 재조성하는 이러한 문제에 전념하지 않으면, 자신이 확실히 지금까지 키워 온 신뢰의 자본을 잃을 것이고, 생태학의 기술적이고 연합적인 측면을 전통적인 당들, **국가** 권력, 생태 산업이 회수해 버릴 것이다. 내 생각에 생태 운동은 우선적으로 생태 운동 자신의 사회생태학과 정신생태학에 관심을 가져야 한다.

프랑스에서 어떤 지적 지도자들은 전통적으로 여론을 지도하는 사명을 띠고 있었다. 그러나 이러한 시기는 다행히도 끝난 것 같다. 초월적인 지식인──실존주의의 예언가, 상당히 전투적인 시기의 (그람시적인 의미에서) '유기적' 지식인, 그리고 우리에게 좀더 가까운 '도덕 세대'의 설교자〔공산당 지도자〕──의 지배를 경험한 뒤에 아마도 우리는 이제 교사, 사회사업가, 모든 종류의 수백만 기술자의 세계에 스며드는 집단적 지성의 내재성을 측정할 수 있을 것이다. 매체나 출판사들이 지도적인 지식인들을 종종 너무 띄워 버리는 것은, 그러한 표상 체계로부터 결코 이득을 얻지 못하는 지성의 집단적 **배치**를 발명하지 못하게 하는 효과를 지닌다. 새로운 사회적 실천처럼 지적이고 예술적인 창조성은 실천의 특이성에 대한 권리와 실천의 특유성을 보존하는 민주주의적 확인을 확보해야 한다. 이것이 사실이라면 지식인과 예술가는 누구에게도 아무것도 가르칠 수 없다. 내가 오래전에 제기했던 이미지로 돌아가자면, 그들은 다양한 공중이 편리하게 사용할 개념·지각·정서로 이루어진 도구 상자를 만들어 낼 것이다. 도덕에 관련해서는 가치의 교육학은 존재하지 않는다는 것을 인정해야 한다. 미·진리·선의 **세계**를 영토화된 표현의 실천과 분리할 수 없다. 가치들은 실천, 경험, (영토를 횡단하는) 강렬한 역능의 **영토**에 의해 담지되는 한에서만 보편적인 외관을 띨 뿐이다. 바로 가치는 초월적인 **이데아**(Idée)에 고정되지 않기 때문에 쉽게 내부 파열될 수 있고, 카타스트로프적인 카오스모제적 울혈에 달라붙는다. 르 팡[2]은 매체의 무대를 점령하는 자신의 기술로 인해, 그러나 원리적으로 좌익이라 불리는 것의 주체성의 실존적 **영토**가 약화되기 (국제주의, 반인종주의, 연대, 혁신적인 사회적 실천들⋯⋯과 관련한 이질적 가치의 점차적인 상실) 때문에——그를 선택하든 거부하든——집단적 리비도의 우세한 대상이 된다. 그렇다고 해도 지식인은 더 이상 도덕적 교훈의 사상가나 제공자로 서도록 요구받지 않고, 가장 극단적인 고독 속에서조차 횡단성의 도구를 순환시키는 일을 해야 한다.

예술적 지도 제작은 항상 모든 사회의 골격을 이루는 본질적 요소이다. 그러나 전문화된 회사들의 손에 좌우되면서 예술적

---

2) Jean Marie Le Pen(1928-). 프랑스의 극우 정당이라고 불리는 국민전선(Front national)당의 당수.〔역주〕

지도 제작은 부차적인 것으로, 영혼의 부록으로, 정규적으로 죽음이 선언되는 위약한 상부 구조로서 나타나기도 한다. 그리고 특히 라스코의 동굴 벽화로부터 중세의 사원 건축의 개화를 경유하여 맨해튼의 미술거리 소호에 이르기까지, 예술적 지도 제작은 개인적이고 집단적인 주체성의 결정화에 계속 지극히 중요한 요소였다.

예술은 사회체 속에서 제작되지만 스스로의 힘으로 지탱될 수밖에 없다. 결국 생산된 하나하나의 작품은 이중의 합목적성을 가지고 있다. 즉 작품을 전유하거나 거부할 사회적 연결망에 끼어 들어가는 길과, 항상 붕괴할 위험에 있기 때문에 정확히 예술 **세계** 그 자체를 다시 한번 고양시키는 길이 있다.

예술에 이러한 소멸의 영속성을 부여하는 것은 사회적 장에서 진부하게 유포되고 있는 형식 및 의미 작용과 절단하는 예술의 기능이다. 예술가, 그리고 좀더 일반적으로 예술적 지각은 현실의 한 단편(선분)을 부분적인 언표 행위자의 역할을 하도록 하는 방식으로 떼어내어 탈영토화시킨다. 예술은 지각된 세계의 하위 집합체에 의미와 타자성의 기능을 부여한다. 예술 작품이 지닌 준애니미즘적인 이러한 말하기의 결과로 예술가 및 그 '소비자'의 주체성이 다시 형성된다. 결국 자칫하면 작품을 유치하게 하고 절멸시키는 동일시적인 계열성에 빠지는 경향을 지나치게 지닐 뿐인 언표 행위를 줄이는 것이 중요하다. 예술 작품은 그것을 사용하는 사람들에게는 틀벗어나기, 의미의 절단, 바로크적 증식이나 극단적인 불모화의 기획이며, 이것이 주체를 자체의 재창조나 재발명으로 이끌어 간다. 예술 작품 위에서는 하나의 새로운 실존적 지지물이 재영토화(리토르넬르의 기능)와 재특이화라는 이중의 등록기〔작용 영역〕에 따라 동요할 것이다. 예술 작품과의 만남이라는 사건은 어떤 실존의 경로를 불가역적으로 추적할 수 있고, 일상성의 '균형과는 먼' 가능성의 장을 생산할 수 있다.

이러한 실존적인 기능이라는 각도——즉 의미 작용이나 명시적 의미와 단절하여——에서 볼 때, 통상적인 미학적 범주화는 대부분 타당성을 잃는다. '자유로운 형상화' '추상화' 혹은 '개념 체계(conceptualisme)'에 준거하는 것은 별로 중요하지 않다! 중요한 것은 어떤 작품이 하나의 돌연변이적인 언표 행위 생산에 효과적으로 이르는지를 아는 것이다. 예술 활동의 초점은 항상 주체성의 잉여 가치로 남아 있다. 달리 말해서 환경의 진부함 한가운데에 있는 부(負)의 엔트로피——개인적 혹은 집단적인 최소한의 재특이화를 통한 자기 갱신에 의해 유지될 뿐인 주체성의 일관성——를 밝히는 것이다.

우리가 최근 수년 동안 목격하고 있는 예술 작품 소비의 도약은, 도시화라는 맥락에서 개인 생활의 획일화 심화와 관련해서 파악해야 할 것이다. 이러한 예술적 소비가 지닌 비타민 섭취와 흡사한 기능은 일의적이지 않다는 것을 강조해야 한다. 그것은 이러한 획일화와 병행하는 방향으로 갈 수 있거나, 주체성을 분기시키는 작용 인자의 역할을 할 수도 있다(이러한 양가성은 록 문화의 흔적에서 특히 감지할 수 있다). 이것은 모든 예술가가 부딪쳐야 할 딜레마이다. 즉 예를 들면 **전위지상주의**(Transavant-garde)나 탈근대론 제창자들이 지지하는 '유행의 방향'으로 가는가, 아니면 많은 사람들로부터 무이해와 고립을 각오하고 사회체의 다른 혁신적인 선분과 연결된 미학적 실천의 쇄신을 위해 작업하는가 하는 딜레마이다.

물론 창조의 특이성과 잠재적인 사회 변화를 총체적으로 파악한다고 주장하는 것은 결코 분명하지 않다. 그래도 현재의 **사회체**는 이러한 종류의 미학적이고 윤리−정치적인 횡단성을 실험하려 들지 않는다는 것을 인정해야 한다. 그렇다고 해도 이제 지구 전체에 퍼져 있는 커다란 위기——만성적 실업, 생태적 황폐화, 이윤이나 국가 지원에 근거하기만 하는 가치 증식 양식의 고장——가 미학적 구성 요소를 다르게 설립하도록 장을 여는 일이 남아 있다. 여기서 단순히 실업자와 '주변인들'의 자유 시간을 문화의 집(국가의 복지 시설)에서 지내게 하는 것이 문제가 아니다. 사실 그것은 미학적 패러다임의 방향으로 바뀌어 갈 과학·기술·사회 관계의 생산 자체이다. 여기서 일리야 프리고진과 이자벨 스탕제르가 최근에 쓴 책을 참조하면 충분하다. 그들은 이 책에서 진화에 대한 진정한 개념화에 필수불가결한 것으로서 '서사적 요소'를 물리학에 도입할 필요성을 환기시키고 있다.[3]

오늘날 우리 사회는 벼랑 끝에 서 있고, 살아남기 위해서는 조사 연구, 혁신, 그리고 창조——적절하게 미학적인 절단과 봉합의 기술에 대한 인식을 의미하는 바로 그 차원들——를 항상 더 한층 발전시켜야 할 것이다. 어떤 것이 떨어져 나와 스스로 작

---

3) 오늘날 인류에게 '빅뱅'과 우주의 진화는 예전 시대에 기원의 신화와 동일한 식으로 세계의 일부분이다. Ilya Prigogine et Isabelle Stengers, 《*Entre le temps et l'éternité*》, Fayard, 1988, p.65.

동하기 시작한다. 당신이 그러한 과정에 당신 자신을 '혼합'할 수 있으면 마치 그것이 당신을 위해 작동할 수 있는 것처럼. 그러한 새로운 문제 제기는 모든 제도적 영역에, 예를 들면 학교에 관련된다. 어떻게 하나의 학급을 예술 작품처럼 살아 있게 할 수 있을까? 학급의 특이화가 가능한 길은, 학급을 구성하는 아이들의 '실존화'의 원천은 무엇인가?[4] 그리고 전에 내가 '분자 혁명'이라고 한 것의 등록기 속에서, 제3세계는 굴착할 만한 가치가 있는 보물을 감추고 있다.[5]

신화적인 과학적 객관성이란 이름으로 주체성을 체계적으로 거부하는 것이 **대학** 안에서 여전히 지배적이다. 구조주의가 성행하던 때에 주체는 그 자신의 다양하고 이질적인 표현 소재에서 방법적으로 배제되어 있었다. 이제 이미지, 인공 지능 기호 등의 기계적 생산을 주체성의 새로운 소재로서 재검토해야 할 시기이다. **중세 시대**에는 예술과 기술은 살아남은 수도원 및 수녀원에서 은신처를 찾았다. 오늘날 아마 예술가들이 바로 본원적인 실존적 문제들이 〔그에 따라서〕 전개되는 마지막 선(線)을 구성한다. 새로운 가능성의 장을 어떻게 정비할까? 소리와 형식에 인접한 주체성이 움직이려면 즉 정말 살아 있으려면, 소리와 형식이 어떻게 배치되어야 하는가?

---

4) 제도적 교육학에 대한 많은 저작 중에서 다음을 보라. René Lafitte, 《Une journée dans une classe coopérative: le désir retrouvé》, Syros, Paris, 1985.

5) 제3세계에서 근대성에 의해 '좌절된 사람들' 사이에 존속하는 연대 연결망에 대해서는 Serge Latouche, 《La Planète des naufragés. Essai sur l' après-développement》, La Découverte, 1991을 보라.

현재의 주체성은 자기로의 후퇴, 대중 매체적인 유아화, 차이와 타자성의 무시——인간적 등록기에서도, 우주적 등록기에서도——의 체제하에서 불확정적으로 살기에는 적합하지 않다. 그〔현재의 주체성의〕 주체화 양식은 창조적인 목표가 자신의 손이 닿는 범위 안에서 나타나기만 하면 자신의 동질적인 '포위망'에서 벗어날 것이다. 따라서 여기서 문제는 인간 활동 전체의 합목적성이다. 물질적이고 정치적인 요구를 넘어서, 주체성 생산을 개인적이고 집단적으로 재전유하려는 열망이 생겨나고 있다. 이처럼 가치의 존재론적인 이질발생이 현재 지방, 직접적 관계, 환경, 사회 조직의 재구성, 예술의 실존적 영향……을 결여하고 있는 정치적 내기〔게임〕의 초점이 된다. 그리고 주체화 배치들의 느린 재조성 끝에——배치들 사이에서 과학생태학·정치생태학·환경생태학, 그리고 정신생태학을 접합하는——생태철학에 대한 카오스모제적 탐구는 사회적인 것, 사적인 것, 시민적인 것을 잘못 구분하고, 정치적인 것, 윤리적인 것, 미학적인 것 사이에 횡단적으로 관통하는 결합을 근본적으로 정립할 수 없던 낡은 이데올로기를 대체하자고 이제야말로 주장할 수 있어야 한다.

　그러나 우리는 결코 **사회체**의 미학화를 지지하고 있지는 않다는 것을 분명히 해야 한다. 왜냐하면 결국 이러한 새로운 미학적 패러다임의 촉진은 현재의 예술 형태뿐만 아니라 사회 생활 형태 전부를 전복하는 것을 포함하기 때문이다! 나는 미래를 향해 손을 뻗치고 있다. 이미 모든 것이 결정되어 있다, 아니면 모든 것을 다시 할 수 있다——즉 세계를 다른 가치 **세계**에 입각해서 재구축할 수 있으며, 다른 실존적 **영토**가 이 목적으로 구축되어야 한다——라고 생각하는가에 따라서, 나의 접근법은 기계적인 확신이나 창조적 불확실성으로 특징지어질 것이다. 현재 지구라는 혹성이 겪고 있는——지구 대기의 질식과 같은 ——아주 커다란 시련들은 생산, 생활 양식, 가치축의 변화를 포함한다. 수십 년 사이에 라틴아메리카의 인구가 3배로, 아프리카 인구가 5배로 증가한[6] 인구 폭발은 냉혹한 생물학적인 저주에서 나오지는 않는다. 인구 폭발에서 핵심적 요인은 경제적인 요인(즉 이것은 권력과 관련된다)이며, 최종적으로는 주체적인, 즉 문화적·사회적·대중 매체적인 요인이다. 제3세계의 미래는 일차적으로 현재 황폐의 길을 걷고 있는 사회 조직의 맥락에서 스스로의 고유한 주체화 과정을 만회하는 능력 여부에 달려 있다. (예를 들면 브라질에서는 극서부(Far West) 자본주의가, 갱과 경찰의 야만적 폭력이 **노동자당**의 영지 속에서 사회적이고 도시주의적인 실천을 재조성하려는 흥미로운 시도와 공존한다.)

이 20세기말을 암울하게 만드는 안개와 독가스 속에서 주체성 문제가 중심 문제로 다시 등장하고 있다. 주체성은 더 이상 공기나 물처럼 자연적으로 주어지는 것이 아니다. 어떻게 주체성을 생산하고 포획하고 풍부화하고, 이제 돌연변이적인 가치 **세계**와 양립할 수 있는 방식으로 끊임없이 재발명해 가는가? 주체성의 해방, 즉 주체성의 재특이화를 위해서 어떻게 해야 하는

---

6) Jacques Vallin(de l'INED), 《*Transversales Science/Culture*》, Number 9, Juin, 1991. (29, rue Marsoulan, 75012 Paris.) 《*La population mondiale, la population française*》, La Découverte, Paris, 1991.

가? 정신분석, 제도분석, 영화, 문학, 시, 새로운 교육법, 도시 계획과 건축──이 모든 분과가 윤곽을 드러내는 야만주의, 정신적 내부 파열, 카오스모제적 경련의 시련을 막고, 그것을 풍요롭고 보다 큰 즐거움으로, 그리고 그 모든 것이 지닌 아주 좋은 감촉을 느낄 수 있는 희망으로 변화시키기 위해서 자신들의 창조성을 결합시켜야 할 것이다.

역자 후기

이 책은 가타리의 최후 저작이다. 1992년에 나온 것으로 제1장 (오사카 강의)과 제7장(오키나와 강의)은 일본에 와서 강연한 것을 토대로 한 것이다. 가운데 장들은 프랑스에서 1980년대 후반에 강 의한 것들을 토대로 한 것이다.

카오스모제(Chaosmose). 카오스(Chaos)와 코스모스(Cosmos)의 상 호 침투(Osmose). 이 책은, 제1장에서는 주체성 생산에 관해서 문제 제기를 하고, 제7장에서는 생태철학의 방향을 제시하는 매우 실천 적인 텍스트이다. 가운데 장들은 정신분석, 기호학, 카오스 이론 등 가타리의 사상을 종합하는 내용들로 이루어져 있다. 다양한 학문 적 실천적 영역을 넘나드는 가타리의 모습을 다시 한 번 확인할 수 있다.

설명 주를 달아 보았지만 가타리에 낯선 독자들이 읽기에는 턱없 이 부족할 것이다. 먼저 출판된 가타리의 저작, 《분자혁명》(푸른숲, 1998)과 《세 가지 생태학》(동문선, 2003)을 비롯하여 가타리와 들 뢰즈의 공동 저작들도 참고하기 바란다. 그리고 《세 가지 생태학》에 역자가 쓴 가타리의 사상 변화에 대한 글도 참조하기 바란다.

제1장과 제7장은 일본어판 《세 가지 생태학》(《三つのエコロジ-》, 杉村昌昭 譯, 大村書店, 1993)에 번역되어 있는 것을 많이 참조하였 다. 영어본(《Chaosmosis》, tr., Paul Bains and Julian Pefanis, Indiana University Press)도 참고하였다.

가타리는 남미와 일본의 실천가들과 연계를 맺었었다. 가타리의

영향을 받은 사람들이 브라질 노동자당의 강령 작성에도 참여하였다고 한다. 가타리는 일본에도 여러 번 왔었다. 1981년에 일본을 방문하여 자유 라디오 운동에 대해서 알리고 일본의 활동가들과 접속하기도 하였다(그 내용이 《東京劇場-ガタリ, 東京を行く》, UPU, 1986에 실려 있다).

일본인 학자 가운데는 류코쿠〔龍谷〕 대학의 수기무라 마사아키〔杉村昌昭〕 교수가 가타리를 일본에 많이 소개하였다. 프랑스 68년의 경험을 갖고 있는 그는 가타리에서 시작하여 네그리에 대한 관심으로 옮겨 가고 있는 중이라고 한다. 역자가 그와 만나서 가타리에 대해서 여러 가지 이야기를 나눈 바 있다. 그는 네그리가 가타리의 아이디어를 많이 착취했다고 한다. 그는 또한 《카오스모제》는 미래에 관한 책이라고 말한다.

새로운 천년을 전쟁으로 몰고 가려는 무리들에 맞서서 더욱 넓은 폭을 지닌 실천을 만들어 내는 것이 우리의 과제가 아닌가 생각해 본다. 그런 과제를 풀어 가는 데 있어서 가타리의 이 책은 좋은 지침서가 될 것이다.

2003년 4월 23일 윤수종

윤수종
전남대학교 사회학과 교수
저서:《자유의 공간을 찾아서》(문화과학사, 2002)
편저:《다르게 사는 사람들》(이학사, 2002)
역서:《맑스를 넘어선 맑스》《야만적 별종》
《지배와 사보타지》《재생산의 비밀》《분자혁명》
《성혁명》《정치의 전복》《제국》《세 가지 생태학》

현대신서
140

카오스모제

초판 발행 : 2003년 6월 10일

지은이 : 펠릭스 가타리

옮긴이 : 윤수종

총편집 : 韓仁淑

펴낸곳 : 東文選

제10-64호, 78. 12. 16 등록
110-300 서울 종로구 관훈동 74
전화 : 737-2795

편집설계 : 朴 月

ISBN 89-8038-298-7 94160
ISBN 89-8038-050-X (현대신서)